「親《おや》業《ぎょう》」のはじめかた

思春期の子と心が通じあう対話の技術

近藤千恵
親業訓練協会

大和書房

はじめに――親と子が居心地のよい関係を築くために

子　あーあ、朝起きるのつらいんだよね……。
母　何言ってるの！　ちゃんと起きないとダメじゃない！
子　……。
母　つらいなら少しでも早く寝ればいいじゃないの。
子　……。
母　朝がつらいのがわかっているのに、いったい夜遅くまで何しているの？　メール？　ゲーム？　何がそんなにおもしろいの？
子　うるせーな、起きて来たんだから、もういいじゃないか！

子どものことを思うからこそ、親は日々、いろいろなことを子どもに言っています。「早く起きなさい」「忘れ物はない？」「友だちを待たせちゃダメよ」「車に気をつけなさい」――帰ってきたら「ちゃんと手は洗ったの？」「学校からのプリントは？」「宿題は終わった？」「今日は塾のある日でしょう。遅れるわよ」そして「いつまで起きているの！

早く寝なさい」――まで。一日中あれこれ心配しているのに、子どもは言うとおりにしないばかりか、「うるさい！」と反発してくる毎日。

子どもが思春期にさしかかると、親と子のコミュニケーションでのすれ違いが顕著になることがあります。それどころか、うまくいくほうが不思議に思えるほど、子どもをめぐる不安の種は尽きないように思えることすらあります。

親の期待に応えてしっかり生きてきた子どもが、ふとしたことでまったく口をきかなくなる。周囲の者に暴力をふるうようになる。精神的に不安定になり、人との交流を避けるようになる……などもめずらしいことではありません。

顔を合わせれば言いあいになってしまう。まったくの断絶状態になってしまう。ほんとうはもっと子どもとあたたかな関係を築きたいのに……。子どものことを思って言っていることが、かえって相手を苛立《いらだ》たせたり、反抗的な気分にさせたりするのであれば、こんなに残念なことはありません。

そんな悩みを解決に導く助けになるのが、「親業《おやぎょう》」の考え方です。

「親業」とは、米国の臨床《りんしょう》心理学者であるトマス・ゴードン博士が考え出したコミュニケーションの方法で、それを基にしたトレーニングの講座は、日本で「親業訓練講座」として１９７９年から開講され続けています。「そういえば、どこかで耳にしたことがある」という方もいるかもしれません。これまでに北海道から沖縄まで15万人を超える方が講座を受講されています。そして、「いままでの親子の対話は、ほんとうの対話ではなかった」「子どもが自分のことをたくさん話すようになった。これまでは私の対応が話す気持ちを削《そ》いでいたのだと気づかされた」「イライラと子どもに当たらなくなり、自己嫌悪もなくなった」などの感想が寄せられています。

多くの親は、「親の役割」をはたすために、自分の親から伝えられた経験と、さまざまな情報・知識に揺れながら試行錯誤をくり返しているのではないでしょうか。ゴードン博士は、親という役割について、「これほど困難で能力や努力を必要とする仕事はないのに、何の準備もなく取り組まなければならない」という親の立場に心を寄せています。

この暗闇で手さぐりしているような状況に、ひとつの方向を示してくれるのが「親業」の考え方です。子どもの気持ちを誤解なく聞き、親の思いを子どもにわかりやすく伝えるためのコミュニケーション方法を、親が無理なくできるようなやり方で示しているのです。カウンセラーが使う対話の技術を、心理学を学んでいない親たちでも実践できるような形で提示しています。

親と子という特殊な関係性は、それぞれの親子が多様であるということを抜きには語れません。どんな子でも「かならずこの言葉が効く！」とか、どんな親も「このことを伝えるべき」というようなものはありません。信頼関係を築く入り口としての「コミュニケーションの方法」を学び、それをどの場面でどう使い、子どもに何を語っていくのか、その内容はあなた（親）自身に任されているという姿勢が「親業」の基本です。

この本は、「親業」の内容にはじめて触れる方に向けて、その実践方法を多くのケーススタディをまじえながら紹介するものです。

子育てがうまくいかないからと、ご自分を責めないでください。適切な方法さえ手に入れれば、そしてその最初の一歩を踏み出すことさえできれば、けっして遅すぎるということはありません。いつからだって、子どもと新しい関係を結び直すことはできるのです。

「自分が変わったら関係性が変わり、子どもが変わった。いまを変えていくことで未来が変わったことを感じ、さらにはふり返ったときの過去の見え方も変わってきた」。こんな感想も寄せられています。

本書が、親と子、お互いが理解しあい、心地よい関係を築く助けになることを願っています。

目次

「親業《おやぎょう》」のはじめかた

思春期の子と心が通じあう対話の技術

第1章　親業ってなに？

第4章 親も子も納得の問題解決法——勝負なし法

第5章 実例集——親と子の会話から

本書には、親がコミュニケーション能力を向上させることによって、家族のなかで、親子ともども居心地のよい関係を築くことができた例が多数紹介されています。実際の話を、本質が変化しないように注意を払いながら改変して引用しています。これらの関係者、ならびに本書にご協力いただいたすべての方々に、心より御礼申し上げます。

第１章

親業ってなに？

わが子の本心を知ったとき

最初に、あるお母さんから寄せられた体験談をご紹介しましょう（親業訓練協会機関誌より）。

長男の良太くん（10歳）と二人で電車に乗っていたときのことです。斜《なな》め前の席に、赤ちゃんを抱いた女性が座っていました。赤ちゃんはぐずっています。ときどき周囲の乗客が振り向くほど大きな声で泣きます。赤ちゃんの泣き声が強くなるたびに、良太くんはイヤそうに顔をしかめました。

お母さんは、思わず良太くんを叱《しか》りそうになりました。

「そんな顔をしちゃダメ！　赤ちゃんが泣くのはしかたないでしょう」

しかし、このお母さんは「親業《おやぎょう》」を学びはじめた頃でした。ふと思いついて、習ったばかりの「能動的な聞き方」を試してみることにしたのです。

お母さん　赤ちゃんが泣くのがうるさくてイヤになっちゃうんだ。

良太くん　違うよ。うるさいのがイヤなんじゃない。赤ちゃんがイヤな気持ちなんだなあって思うと、僕までイヤな気持ちになっちゃうんだよ。

お母さん　えっ？　赤ちゃんの泣き声がうるさいんじゃないの？

良太くん　赤ちゃんが泣くのはしかたないでしょ。それより、赤ちゃんがこの電車のなかでイヤな気持ちになっていることがイヤなんだよ。かわいそうになって、僕までイヤな気分になっちゃうんだ。

お母さん　赤ちゃんと同じように、良太まで気分が悪くなっちゃうんだね。

お母さんは良太くんのやさしい心を知り、とてもうれしい気持ちになりました。そして、ゆったりした口調で良太くんに語りかけることができました。

お母さん　でもね、あなたがそんな顔をしていると、赤ちゃんのお母さんは、赤ちゃんの泣き声がうるさくてあなたがイヤな思いをしていると感じてしまうのよ。困ったり、悲しい気持ちになってしまうかもしれないよ。

良太くん　あっ、そうか！

その後、電車を降りるまで二人は楽しくおしゃべりできたそうです。お母さんからの報告は、良太くんのやさしさに対する感動や、ほんとうの良太くんの思いに触れた喜びであふれていました。

もしもそのとき、お母さんのほうから「赤ちゃんが泣くのはしかたないでしょう」と口にしていたらどういう展開になったでしょう。ひょっとしたら良太くんは「赤ちゃんだってイヤなことがなかったら泣かないよ。お母さんって、わかってないな」と思って反発し、ふてくされ、沈黙してしまったかもしれません。お母さんはお母さんで、「この子にはやさしさがない」と思いこんでしまったかもしれません。お互いに、たいへんな行き違いです。

子育てをしていれば、誰でも似たような状況を体験していることでしょう。しかしそのとき、その場で、親が子どもに向かってどんな言葉をかけるか、どんな態度をとるか、ほんの一瞬の対応によって子どもの反応は違ってきます。「僕の気持ちをわかってくれた」と安心するのか、「どうせ僕の気持ちなんかわかってくれない」と思って心を閉ざすのか。そして親は「なんてやさしい子だ」と感動するのか、それとも「なんて冷たい子だ」と幻《げん》滅《めつ》するのか。当然、その後の親子関係も変わってくるはずです。
父親であれ、母親であれ、親なら誰でも「わが子のことはわかっている」と考えがちです。しかし実際には「わが子のことでもわからない」のが現実です。

もし「人を殺すかもしれない」と言われたら

もう一例、「親業」の講座を受講中の、あるお母さんからの報告をご紹介します。小学校6年生の長男・武弘くん（11歳）とのやりとりです。武弘くんは、学校から帰るなり、イライラした様子で話しはじめました。

武弘くん　すごく腹立ってる。ムカつく。ムカつく。くそッ……！
お母さん　何かイヤなことがあったみたいね。
武弘くん　ムカつく。（サンドバッグのところに行き、叩《たた》きはじめる）ストレスがすごくたまっているから、いま話しかけないで。
お母さん　わかったよ。

武弘くん　（叩きつづける。しばらくして）少し、すっきりした。
お母さん　そう。サンドバッグを叩くと少しすっきりするんだね。
武弘くん　うん……。でも、僕、人を殺してしまうかもしれない。
お母さん　そうか、誰かを殺してしまうかもしれないって思うの？
武弘くん　うん。いま、いろいろテレビでもやってるじゃない。
お母さん　人を殺してしまったっていうニュースが多いね。だから、自分も殺してしまうかもしれないと思うのね。
武弘くん　僕はすぐカッとなるし、ストレスがいっぱいたまっているからね。
お母さん　毎日ムカつくことがたくさんあって、つらいね。
武弘くん　うん。（少しの間、話をしたり、自分ひとりで考えこんだり。その後、ぽつりと）でも、僕、やっぱり人は殺さないと思うよ。
お母さん　そうなんだね。

子どもから「人を殺すかもしれない」などと言われて驚かない親はいません。多くの親は「なんていうことを言うの！」、あるいは「そんなことは冗談《じょうだん》でも言ってはいけない」

などと、あわてて子どもをたしなめようとするでしょう。

しかし、「人を殺すかもしれない」と言った子どもの気持ちを想像してみてください。よほどひどい目に遭《あ》ったか、つらい思いでいるのではないでしょうか。ほんとうに信頼している相手の前でしか言えない言葉です。

お母さんは、苦しい思いをぶつける相手として武弘くんに選ばれたのです。それなのに頭から叱られたりしたら、武弘くんはどんな気持ちになるでしょう。ひょっとしたら、その先、どんなにつらいことがあっても、お母さんの前ではホンネを言えなくなるかもしれません。すべて自分ひとりで抱えこんでしまうようになるかもしれません。

お母さん自身、「人を殺すかもしれない」と言われたときは、一瞬、ドキッとしたと言います。しかし叱るより前に、まずは武弘くんの言葉に耳を傾けました。そして、武弘くんの気持ちを受け止めることを第一と考えました。その結果、「僕、やっぱり殺さないと思うよ」という結論を、武弘くん自身の言葉で聞くことができました。

おそらく、武弘くんが今後、もっと大きなトラブルに直面したときにも、このお母さんなら思いのたけをぶちまける相手として選ばれることでしょう。

子どもに干渉、介入する前に

親は子どもに向かってものを言いたい存在です。あれこれと子どもの生活に干渉《かんしょう》し、子どものトラブルに介入してしまうのも、子どもの力になりたい、子どもを助けたい、子どもを正しい道に導きたいと思うからです。

ところが実際には、親の思いはなかなか子どもに伝わりません。それは、愛情の深さや子を思う気持ちの強弱ではなく、コミュニケーションの形に課題があるためです。

冒頭に紹介した良太くんと武弘くんのお母さんは、子どもの態度や言葉に対して自分が何かを言う前に、子どもの気持ちを確認しようとしました。その結果、子どものほんとうの思いを知り、気持ちを通わせることができました。

親子関係にかぎらず、コミュニケーションは言葉のやりとりで成り立つことがほとんどです。子どもが投げたボールを親が受け止める。親が投げ返した同じボールを、今度は子どもが受け止める。そんな言葉のキャッチボールです。

しかし時として、投げあっているうちにボールが入れ替わってしまうことがあります。

子どもは白いボールを投げたのに、親は赤や黄色のボールを投げ返してしまう。「僕、人を殺すかもしれない」というボールに対して、「そんなことを言うものではない」といったボールを投げ返す場合です。

子どもの投げた白いボールはどこへ行ってしまったのでしょう。親から赤いボールが返ってきたら、その子は自分の思いをどこにぶつけられるのでしょう。

親が赤いボールを投げ返してしまうのは、子どもの発言や態度や行動をたしなめたり、助言したり、困りごとや悩みごとを解決してやりたいと思うからです。しかしそれでは、せっかく始まったキャッチボールがまったく違うものになってしまいます。はたして子どもは、親に何かを教えてもらいたいと思ってボールを投げたのでしょうか。

子育ての究極の目的は、ある意味で、親がいなくても生きられる人間を育てることです。困難に直面したとき、自分の頭で考え、自分の判断にしたがって行動を起こせる人間。そして自分の行動に責任を持ち、社会のなかで他者とともに生きていける人間を育ててあげることです。

自立した人間に育つためには、子どもの頃から言葉のコミュニケーションを通して自分の思いを表現し、他者の気持ちを理解し、自分で考える訓練が必要です。意思決定したことに対して責任をとる体験も積んでいかなければなりません。

そこでは、いちばん身近な存在である親が、わが子に対して日常いかに接するかが大きな意味をもってきます。親子が互いに相手の気持ちを理解し、自分の気持ちをきちんと伝えあうことこそが、自立した人間への第一歩です。親が日常の接し方を通して子に体験させ、学ばせることができるのです。ところが、その点がうまくいかないところに現在の子育てのむずかしさがあります。けっして子どもをないがしろにしているわけではないのに、しばしば深刻なトラブルや悲劇が生じてしまいます。

そんなことになる前に、「子育て」とは何なのかを一度、じっくり考えてみませんか。子どもにとって「親」とはどういう存在なのか、自分はどんな「親」でありたいのか、自分たちの親子関係はほんとうにうまくいっているのかを自問してみませんか。

親が子どもに向かってあれこれ言いたくなるのも、白いボールに対して赤や黄色のボールを投げてしまうのも、もちろん子を思う気持ちの表れです。しかし、親の思いが強ければかならず子どもの心に届くというものではありません。深刻なトラブルを引き起こしてしまった子どもの親たちだって、かならずしも愛情が劣っていたわけではないでしょう。

親と子の思いにズレが生じて誤解しあったり、親子関係に亀裂《きれつ》が入ったりするようでは悲しいです。子どもがほんとうに困って誰かに助けてもらいたいと思ったときに頼りにされないようでは、親として寂しく感じます。「うちの子がまさか……！」などという目には遭いたくないではありませんか。子どもの気持ちもわからないまま自殺をされてしまったなどという事態は絶対に避けたいことです。

親子が同じ色のボールを投げあうという、もっとも基本的なコミュニケーションの方法を含め、お互いの思いを日常の家庭生活のなかで伝えあい、体験を通じて良好なコミュニケーションの方法を学んでいこうというのが、この本で紹介する「親業」のトレーニングなのです。

親業の3つの基本的な方法

親業では、「聞くこと」「話すこと」「対立を解くこと」の3つを基本的な方法としています。講座でもこの3つができるようにトレーニングしていきます。

親は、子どもが悩んだり困ったりしているときは、子どもの助けになりたいと願います。そんなときは、自分の意見を言うのではなく、子どもが話しやすいように「聞く」ことが大事です。親業では「能動的な聞き方」という手法を使って子どもの話を聞いていきます。

親が子どもに何かを言いたいときは、自分の気持ちや考え方を率直に「話す」ことが必要です。親業では、自分を主語にした「わたしメッセージ」という言い方で、親の気持ちを子どもに伝えます。

親と子の間で、気持ちや考え方が対立したときは、話し合いで解決策を探します。親と子のどちらか一方が勝つのではなく、お互いにとってよい解決策を探そうとするやり方です。親業ではこれを「勝負なし法」と呼びます。

・聞くこと（能動的な聞き方）……子どもが心を開いてほんとうの気持ちを話すように接する。
・話すこと（わたしメッセージ）……親が子どもに自分の気持ちや考えを率直に伝える。
・対立を解くこと（勝負なし法）……親も子どもも満足できる解決策を話しあいで探す。

これらの3つのことをするにあたって、まずは子どものことを「見る」ということがとても大切になります。

見えているようで見えていない「親の目」

子どものことを「見る」とは、どういうことでしょうか。それは、子どものしていることを客観的に、「事実としてとらえる」ということです。親業の第一歩は、子どもの行動を客観的に観察することから始まります。この場合の「行動」とは、「目で見える、耳で聞こえる」ことのすべてです。簡単なようですが、じつはこの段階でつまずいてしまっている親が多いものです。

たとえば「うちの子はなまけ者だ」と口にするお母さんはたくさんいます。そういうお母さんは、何かにつけて「また、あの子はなまけている」と感じてしまいます。しかしそのとき、ひと呼吸おいて、自分が実際に何を見ているのか、何を聞いているのか確認してみてはどうでしょう。見えるのは、ただ子どもがソファに座ってテレビを観ている姿であり、部屋で寝転がって音楽を聴いている姿です。

「なまけている」と感じるのは、あくまでもお母さんの主観です。ひょっとしたら、その子はお母さんが買い物に行っている間に宿題をすませてあったのかもしれません。この番組が終わったら部屋の掃除をしようと思っているところかもしれません。それなのに「また『ゴロゴロしてテレビばかり観て！』「早く掃除してしまいなさい」などと叱られたら、素直に聞く気になるでしょうか。ムッとして反抗的な態度に出るだけではないでしょうか。そういう出来事が重なって、お母さんのなかに「この子はなまけ者だ、反抗的だ」という固定観念が生まれたのかもしれません。

多くの親は、いつも子どもの行動を見ているつもりでいながら、実際にはきちんと見ていないことも多いようです。子どものイヤな面、困った面ばかりに注目し、いいところは見過ごしている可能性がありそうです。お母さん方の話を聞いていると、客観的に観察することもなしに子どもの性格や習性を決めつけている場合が多いように思えるのです。

しかし、子どもは親の考えが及ぶ範囲内でのみ生きているわけではありません。親には想像もつかないことを考えていることがあります。本章の冒頭で紹介した、赤ちゃんの泣き声に顔をしかめた男の子の話などがよい例です。

ここでは、あるお母さんと中学3年生の浩二くんの会話をご紹介しましょう。

塾帰りの車の中、14歳の次男・浩二くんとの会話です。お母さんは、浩二くんに対して、食が細く、好き嫌いが多い子だという印象を持っていました。

浩二くん 今日のごはん、何？

お母さん 鍋よ。

浩二くん えー、オレ、鍋嫌い！

お母さん 好き嫌いを言わないの。

浩二くん だって、鍋にしたら、面倒くさい。

お母さん 何が面倒くさいの？ 食べるのが面倒くさいの？

浩二くん だって、食べたあと、オレが全部後片づけしないといけない。

お母さん 後片づけがイヤだと思っているのね。

浩二くん だってねー、塾から帰って疲れているのに、後片づけ全部しないといけないんだよ。

お母さん そうか。塾で疲れているから、後片づけがイヤなのね。

浩二くん そうだよ。それにねー、誰も手伝ってくれなかったんだよ。（前回、鍋をしたとき、浩二くんがひとりで後片づけをした）

お母さん　ひとりで後片づけをするのがイヤだったのね。

お母さんには「また夕食についての好き嫌いを言っている」という先入観のようなものがあったのでしょう。もし親業を知らなければ、浩二くんが「えー、オレ、鍋嫌い！」と言ったとき、「好き嫌いを言わないの」と言っただけで会話を終えていたかもしれません。

浩二くんは続けて、「だって、鍋にしたら、面倒くさい」と言っています。さらに「食べたあと、オレが全部後片づけしないといけない」とも言っています。だからお母さんは、いるのに、後片づけがイヤなのね」と確認しました。その結果、浩二くんは「塾から帰って疲れて「後片づけ全部しないといけない」「（後片づけを）誰も手伝ってくれなかった」という心の中にある思いを話すことができました。

お母さんにとっても、聞いたことで発見がありました。浩二くんが食べ物の好き嫌いを言っているのではなく、誰も手伝ってくれないなか、ひとりでがんばって後片づけをしていたのだという事情がわかり、あたたかい気持ちになったのです。

本好きな子は「知的」？　それとも「内向的」？

「目で見える、耳で聞こえる」ことのなかには、「テレビを観ている」「勉強をしている」などの具体的な動作、「おなかがすいた」「新しいゲームがほしい」と子どもが言った言葉、「話しかけてもだまっている」といった様子、さらには顔色、表情、声の調子、髪型、衣服、持ち物、時には匂《にお》いまで、あらゆる要素が含まれます。それらのすべてが親業で言う「行動」であり、親が子どもに対してどのように働きかけるのが効果的かを判断する材料となります。

それらの材料を前にしたとき、あなたはどう感じるでしょうか。「イヤだな」と思うでしょうか。何も感じないでしょうか。うれしいのでしょうか。また、子どもはどういう気持ちでそのような「行動」をとったのだと思うでしょうか。悩んでいる、あるいは困っている様子なのでしょうか。とくに変わったところはないのでしょうか。いつもより楽しそうなのでしょうか。

このようにして自分の気持ちと子どもの気持ちを考え、分類するのが次にすることです。

親自身が「イヤだな」と感じる場合、また子どもが困ったり、悩んだりしていると思う場合には、何らかの形で働きかけ、コミュニケーションをはかっていく必要があります。双方とも困ったり、悩んだりしていないなら、特別なことをする必要はありません。

子どもが同じ行動をとったとしても、それをどう感じるかは、親により、子により、また状況により違ってきます。

子どもが本を読んでいる場面を考えてみましょう。その子はいつも家のなかで本ばかり読んでいて、友だちと外で遊んだりスポーツをしたりすることがないとします。

そういう場合、親によっては「天気のいい日くらい、外で元気に遊んでほしい」と思うでしょう。「うちの子は内向的で困る」、あるいは「家のなかで本ばかり読んでいたら健康によくない」と心配する人もいるでしょう。その親は「子どもが本を読む」という行動を「イヤだな」と感じていることになります。

しかし、同じように本ばかり読んでいる子どもを見て、「この子は知的でいい」と感じる親もいます。「家に友だちを呼んで騒ぐことがないから助かる」と考える親もいます。そういう親にとって「子どもが本を読む」という行動は少しもイヤなものではありません。むしろ喜ばしいことでしょう。

一方、いつも外で元気にサッカーをしている子が、その日にかぎって本を読んでいたとしましょう。多くの親は「いつもと違う」ことに気づきます。しかし、いつもと違う行動をどう感じるかも、やはり親によって異なります。

「珍しく本を読んでいるのね。いいことだわ」と歓迎する親もいるでしょう。子ども自身も楽しそうに読んでいるのであれば、双方ともに快適です。ほうっておいてもいいでしょう。

ところが、同じ状況でも「おかしい」と感じることがあります。「仲間はずれにされたのではないか」「体調が悪いのかもしれない」などと心配になってくるのです。「子どもが本を読む」こと自体、親にとってイヤなことではない。しかし、子どものほうは何か困ったり、悩んだりしているらしい。だとしたら、やはり親としては見過ごせません。悩みがあるなら聞かせてほしい、困っているなら助けたいと思うはずです。

子どもの行動が「イヤか、イヤでないか」

親業では、親が子どもの「行動」をどう感じるか、つまり「イヤだな」と感じるか、感どないかが、子どもにどう働きかけるのかを判断する基準になります。したがって、まずは親が自分の感情を確認することが必要です。

子どもの行動を親が「イヤだな」と感じる場合、親業ではそれを「親が問題を持つ」と考えます。子どもが朝からテレビを観ている姿を見て親が「イヤだな」と思うなら、「子どもが朝からテレビを観ている」のは「親が問題を持つ」ということです。ここで言う「問題」は親業独特の言葉であり、世間一般で考える「問題」とはかなり違います。

たとえば、子どもが妹に向けて「バカ！」「死ね！」と激しい口調で言ったとしましょう。「こんな言葉を使うのはその子の問題行動だ」と考えるのが一般的です。しかし親業では「問題」という言葉について独特のとらえ方をします。

親が「なんてひどいことを言うの！」、あるいは「そんな子に育てたつもりはない」と思うとしたら、子どもの発言を「イヤだ」と感じているわけですから、「子どもが『バカ！』『死ね！』と言う」行動は、親が問題を持つ、すなわち親が問題所有者であると考えるのです。

さあ、あなた自身の心と相談しながら、子どもの具体的な行動、つまりあなたの目に見え、耳に聞こえる子どもの行動のすべてを「イヤか、イヤでないか」の基準で分類してみてください。「イヤだ」と思うならば、あなたにとって「問題あり」。「イヤでない」のならば、「問題なし」です。

子どもの行動に対する親の感情は、かならずどちらかに分類できます。しかし簡単なように思えて、意外にむずかしいのがこの作業です。多くの親は、ふだん子どもの行動に対する自分の感情など意識することもないからです。

親業の講座の中で実際に試してみると、この段階で新鮮な驚きを体験する人が多いようです。それまでは何となく気になって叱ったり注意したりしていた子どもの行動が、じつは自分の感情に因《よ》るものだったことにはじめて気づかされるためです。

しかし、慣れてしまえばむずかしいことではありません。「イヤか、イヤでないか」だけのことですから、慣れれば瞬時に判断できるようになります。感情は、相手の行動を見た瞬間に生じるものです。その瞬間の自分の気持ちをできるだけ正直に受け止めることが大切です。

その「問題」は誰のもの？

ただし、子どもの行動が親にとってイヤでなくて「問題なし」でも、子どもが困ったり悩んだりしていることがあります。次のような場合です。

・子どもが「バカ！」「死ね！」という言葉を妹に言っていても、親は「周囲の友だちも普通に使っているし、漫画やアニメなどの感覚で口にしているからそのうちに言わなくなるだろう」と軽く考えてしまった。気がついてはいても「問題なし」として見過ごしていた。

・しかしじつは子ども自身は何か鬱屈《うっくつ》した気持ちを抱えており、身近な妹に対してそれをぶつけていた。

・学校での友人関係のバランスをとるため、これらの言葉を「言ってはいけない」とわかっていながらも使っていた。

親にとっては「問題なし」でも、子どもは困ったり悩んだりしているので、子どもにとっては「問題あり」ということです。このような状況は、「親にとっては問題なしだけれど、子どもが問題を持っている」ということです。

つまり、子どもの行動を問題所有者という見方で分類すると、「親が問題を持つ」「子どもが問題を持つ」そして「親も子どもも問題なし」のいずれかに分けることができるのです。

ところがここに、多くの親が陥りやすい落とし穴があります。ほんとうは「親の問題」であるにもかかわらず、あれもこれも「子どもの問題」と考えがちなのです。

朝の登校前、子どもが食事や身じたくに手間取って遅刻しそうな場面を考えてみてください。お母さんはイライラしてきます。そしてついに、こんな言葉を投げつけるでしょう。

「また遅刻して先生に叱られるわよ」

「みんなにだらしない子だと思われてしまうのよ」

しかし子どものほうは平気です。先生に叱られようが、だらしない子だと思われようが、少しもかまわない様子です。気になっているのは親のほうなのです。だらしない母親だと思われてしまうことが心配なのかもしれません。だとしたら、それは一見、子どもにとってよくないことのように思えても、じつは親がイヤだと感じているので「親が問題を持つ」状況なのです。

あるいは、子どもが日曜日の早朝から近くの山に遊びに行きたいと言いだした場合を考えてみましょう。「お弁当をつくってほしい」と言われた母親は、思わず言い返します。

「もうすぐテストがあるんだから、日曜日は勉強しなければダメでしょう」

「子どもだけで山に登るなんて危ないじゃないの！」

ほんとうは、日曜日の朝は自分がのんびり寝ていたいのかもしれません。早朝からお弁当をつくるのがイヤなのかもしれません。それなのに「あなたにとってよくない」と言って反対しています。無意識のうちにホンネを隠し、「自分が問題を持つ」ことなのに、「あなたにとってよくないことだから」と、「子どもの問題」として押しつけているのです。

「親が問題を持つ」状況なのに、「子どもにとってよくないこと」としがちなのは、自分の感情を認めることに罪悪感のようなものを抱くためかもしれません。

しかし、親だからといって、子どもの行動をすべて受け入れなければならないということはありません。自分の感情を抑制する必要はないのです。「だらしない母親だと思われたくない」のは自然な感情ですし、「日曜日の朝まで早起きしてお弁当をつくりたくない」と思う母親はたくさんいます。

親業では、親が抱くそうした感情を悪いものとはとらえません。むしろ親が感情を押し殺し、隠し、ほかの形に変えてしまうほうが好ましくないことです。つらいなら「つらい」、困るなら「困る」、面倒なら「面倒」だと、自分の感情を率直に認めるところから出発しましょう。

「問題」を解決するのは誰か

さて、親業では「親が問題を持つ」「子どもが問題を持つ」それぞれの場合に、有効な対応法を提示しています。「親が問題を持つ」場合は「わたしメッセージ」。「子どもが問題を持つ」場合は「能動的な聞き方」。「親も子どもも問題なし」ならば、ふだんどおりにふるまい、会話し、時には親子関係をさらに密にする活動ができます。

それぞれについてくわしくは次章から具体的な事例を紹介しながら説明しますが、簡単に言えば「わたしメッセージ」は親の思いや感情を子どもに伝える方法、「能動的な聞き方」は子どもの気持ちを聞き、確認する方法です。そしてこの二つは原則としてセットで用いられます。

親自身の感情やホンネを子どもに伝えるのは大切なことですが、一方的に言い募《つの》ったり、言いっぱなしにしたりしてはいけません。親の思いを伝えたら、次はかならず子どもの気持ちや意見に耳を傾けるのです。子どもの話を聞くときも聞きっぱなしではいけません。もちろん子どもの言い分をすべて通す必要もありません。

「わたしメッセージ」で親の思いを伝え、「能動的な聞き方」で子どもの気持ちを聞く。これが親業訓練におけるコミュニケーションの基本です。気持ちを伝えあうだけでは問題が解決しないこともありますが、そのようなケースについても、あとの章でお話しします。

ここで取りあげておきたいのは「その問題を解決するのは誰か」ということです。親業では、問題を解決する主体はその問題を持つ本人だと考えています。親が問題を抱えているときは、親自身が解決主体となります。子どもの行動を「イヤだ」と感じ、「変えてほしい」と思っているのは親なのですから、親のほうから子どもに働きかけなければなりません。子どもに向かって「わたしメッセージ」を発信し、自分の気持ちを伝えることで問題解決を図っていくのです。

一方、子どもが問題を抱えているときは、子どもが解決主体となります。困ったり、悩んだり、苦しんでいるのは子どもなのですから、子ども自身が自分の気持ちを明確にし、何が問題なのかを自覚する。こうして解決策を子どもが自分で考えるのです。このとき、親は手助けができます。親は「能動的な聞き方」で子どもの話を聞き、子どもの感情を受け止めることで、問題解決を助けます。

ところが、子どもの問題解決を助けるつもりでいながら、途中で立場が逆転してしまうことがあります。子どもの話を聞いていたはずなのに、いつのまにか親のほうが会話の主導権を握り、解決策を提示してしまうのです。たとえばこんな具合です。

子　今日、学校でイヤなことがあった。
親　どうしたの？
子　ケンジにぶたれたんだ。
親　ケンカでもしたの？
子　僕は何もしていないのに、いきなりケンジがぶってきたんだ。
親　何もしないのにぶつはずはないでしょう。どうしてぶったのか、ケンジ君に聞いてみたらいいじゃないの。

小学生くらいの子どもがいる家庭なら、どこの家でもありそうな会話です。「イヤなことがあった」というからには、子どもには親に聞いてもらいたい話があるのでしょう。親も関心をもって子どもの話を聞き、丁寧に対応しているように思えます。しかし、細かく見てみるとどうでしょう。

親の危険な思いこみ

まず、子どもの言葉を受けて、親は「どうしたの？」と先をうながしています。子どもの話を聞こうという姿勢が表れています。「ケンジにぶたれた」に対しては、「ケンカでもしたの？」と、ぶたれた理由を親が憶測《おくそく》したうえで質問しています。そして「僕は何もしていないのにぶたれた」という主張に対しては、「何もしないのにぶつはずはないでしょう」という親の判断を口にしています。

そこには「ぶたれたのはケンカしたからだろう」「何もしないのにぶつはずはない」という、親の先入観や思いこみが感じられます。子どもの話を最後まで聞かず、途中でさえぎり、一方的な意味づけをしているのです。

「何もしないのにぶつはずはない」という論理は一見、筋が通っているようにも思えます。

しかし現実には「何もしないのにぶつ子」もいます。廊下ですれ違ったとたん、いきなりちょっかいを出してくる子もいます。相手はふざけているだけかもしれません。しかし、乱暴ないじめっ子かもしれません。

子どもがほんとうに「いじめ」を受け、親に訴えようとしている可能性も考えられます。だとしたら、親の不用意なひとことが子どもの訴えを封じてしまうことにもなりかねません。子どもは「何を言ってもわかってもらえない」と感じます。話をすることでかえって親から責められる経験が重なると、親の前では二度とホンネを口にしなくなるかもしれません。

最後にこの親は「どうしてぶったのか、ケンジ君に聞いてみたらいい」と提案しています。子どもが持っている問題に関して、親が解決策を提示しているのです。

もちろん親は子どものためを思って助言するのでしょう。子どもを愛しているから、助けてあげたいから、「こうすればいい」「ああするほうがいい」と指導したくなるのです。しかしそれでは、子どもが自分で考え、自分で解決する機会を奪ってしまいます。子どもの問題の所有権を侵《おか》す行為です。

親の考える解決策がほんとうに最善なのかという疑問もあります。子どもをぶった相手がとんでもない乱暴者だった場合、面と向かって「どうしてぶったのか？」などと聞けるものでしょうか。もっとひどい目に遭う恐れもあります。子どもは親のアドバイスを実行できない自分を恥じ、「自分は弱虫だ」と感じ、ますます萎縮《いしゅく》してしまうかもしれません。「親には知恵がある」「親はつねに正しい」「最良の生き方を知っている」などと考えるのは危険な思いこみです。

もちろん子どもが真実を語っていない場合もあります。「何もしていないのにぶたれた」というのは嘘《うそ》で、実際には親が想像したとおり、その子が先に手を出していたのかもしれません。子どもだって人間ですから、自分にとって都合の悪いことは言いたくないものです。うかつなことを言って親に叱られたくはないはずです。

親が子どもの気持ちを知りたいと思って質問し、耳を傾けても、子どもがいつも本心を語るとはかぎりません。いじめを受けている子がなぜ親や教師に相談せず、ひとりで問題を抱えこみ、自分を追いつめてしまうのか、悲しいニュースを聞くたびに疑問を感じる人は多いでしょう。しかし子どもにもプライドはあるし、羞恥心《しゅうちしん》もあります。「親に弱みを見せたくない」、あるいは「心配をかけたくない」と考えることも多いのです。

それでは、子どもが真実や本心を隠しているように感じられるとき、親はどう対応すべきでしょうか。やはり、親の考え方や状況によって違います。「子どもが親に知られたくない秘密を持つのは当然なのだから、無理して暴《あば》きだす必要はない」という考え方もあります。「子ども自身に解決させたい」と思う親もいます。友だちや先生に相談している可能性もあります。そのような場合、親としては特別な働きかけを行わず、様子を見守ることもあるでしょう。

しかし、「子どもが深刻な悩みを抱えていて困っているらしい」と感じるなら、それは「子どもが問題を持つ」状況です。親としては何かしたいと考えるのではないでしょうか。いったい何ができるのでしょう。あるいは親自身が「この問題を放置したらたいへんなことになるかもしれない」と感じるなら、それは「親が問題を持つ」ことになるので、親自身が、何らかの手を打つときです。

隠れた「問題」の見つけ方

まずは「問題」の所在を確認することです。

子ども自身は何も語らなくても、子どもが問題を持っていれば、子どもの周囲に何らかのサインやヒントがあるはずです。子どもの表情や生活ぶり、体調、成績、友だちとの関係など、あらゆることに注意を払いましょう。友だちの親や先生に相談してみるのもいいでしょう。「目で見、耳で聞くこと」のなかには、周囲の人たちの声も含まれています。

あるお母さんと12歳の息子の会話を考えてみましょう。

息子　今日、また先生に叱られた。

お母さん　え、また叱られたの？　どうして？

息子　みんなと同じことをやってるのに、いつも僕だけが叱られるんだ。

お母さん　どうしてあなただけが叱られるのかなあ。

息子　わからない。先生は僕のことが嫌いなのかもしれない。

お母さん　あなたには間《ま》の悪いところがあるからね。叱られても泣いたり怒ったりしないから、きっと先生も叱りやすいんだわ。

このお母さんは息子の言葉を信じ、「この子は特別に悪いわけではないのに、間が悪いからいつも叱られる」と信じていました。ところが、友だちの母親たちの多くは「あの子は危なっかしくて見ていられない」と感じていたようです。サッカーの練習中にもコーチの言うことを聞かず、勝手な行動をとる。移動中に周囲の家の塀《へい》によじ登る。すぐ長い棒を振りまわしたり、石を投げたりする……。学校でも同じようなことがくり返されていた可能性は十分にありそうです。

しかしお母さんはそういう事実を全然、知りませんでした。学校の面談で注意されても、息子と担任との相性が悪いだけだと思っていました。お母さんが子どもの行動を「問題」として認識したのは、中学校に入っても先生に叱られる状況が続き、部活のコーチから注意されたときでした。そこではじめて友だちの母親たちに相談し、小学校の頃から息子がどんな行動をとってきたのか知ることができたのです。

こうしたケースでは、親の価値観とともに感受性が問われます。「先生に注意される子どもの行動」について、「先生に叱られることなんかたいしたことではない」と考える親なら「問題なし」でしょう。しかし、少しでも気にかかるのであれば、その子の家庭での態度や生活ぶりを観察することで、それまでは気がつかなかった何かに気づいたかもしれません。担任の注意にも、もう少し真剣に耳を傾けることができたはずです。

それは、子どもを「信じる、信じない」の問題ではありません。子どもが意図的に嘘をつき、親をだまそうとしているわけではないでしょうし、その子自身、自分の行動が周囲に迷惑をかけている自覚がないのかもしれません。「客観的に子どもの行動を知る」ということにすぎません。

この例とは反対に、「うちの子は落ち着きがない」「反抗的で困る」という先入観から、ことあるごとに「うちの子が何かやったのではないか」と疑う親もいます。「子どもがいけない、子どもが悪い」と思っていたけれど、よく考えてみれば親が心配しすぎていたというケースもよくあります。親自身が問題を持っていたという自覚が生まれるケースです。ある子どもが悩んで問題を抱えていると思っていたけれど、じつはその子ではなく、兄弟姉妹が問題を抱えていたという事例もあります。

親業では「問題」の所在を見極めることがきわめて重要です。子どもの「行動」は何なのか、それにより「問題」を抱えているのは誰なのか。その判断を誤ったまま対応すると、親と子の関係がややこしくなってしまうこともあります。

子どもの「行動」、つまり「目で見、耳で聞く」ことのすべてを客観的に観察し、冷静に判断する姿勢を忘れないでください。誰の問題なのかを判断する基準は、つねに親自身のなかにあります。もちろん、親業に触れることによって価値観が変わり、感受性が深まることもありますから、基準はつねに変化しているとも言えますが、そのとき、その場で判断する主体が親自身であることに変わりはありません。

親業を実践するタイミング

親業には、親が問題を感じたら、その問題に関して子どもに働きかけるための対応法が準備されています。だからといって、親業の手法をつねに正確に使わなければと身構える必要はありません。

子どもに話しかける具体的な言葉やタイミングの選び方は、親しだい、状況しだいです。「この件について話しあいましょう」と前置きをしてからじっくり話しあってもいいし、何かのついでに「ちょっと気になるんだけど」と言って切りだしてもかまいません。

ただし、子どもに話しかけるときには、「問題」を感じる根拠を具体的に描写する必要があります。「あなた、最近ちょっと変よ」では、子どもには何が変なのかわからないかもしれません。「変だ」と思うのは、あくまでも親の主観です。しかし「変だ」と思う以上は、そう感じた根拠があるはずです。「帰宅時間が、いつもより1時間遅い」、あるいは

「食事のあと、すぐ自分の部屋に閉じこもってしまう」「親の問いかけに対して目をそらす」「うぜえ、死ねと言う」など、実際に「目で見、耳で聞いた」子どもの行動です。

そうした行動を具体的に描写してください。「うるせえ！」「関係ないでしょ」などと言って反発してきたら、それをきっかけにして子どもの話を聞く態勢に入ります。少なくともコミュニケーションのきっかけにはなるのです。

互いがカッとなって決裂することもあるでしょう。しかし、それで終わりではありません。親子関係は何度でもやり直しができます。あとで冷静になってから、ゆっくり考えればいいのです。そして自分の考えがまとまったら、「あのときのことだけど……」と前置きして話しかけることができます。

終わった話を蒸し返されるようで、子どもがイヤな顔をすることもあるかもしれません。しかし、少なくとも親が問題を解決しようとしている気持ちは伝わるはずです。互いに後味の悪い思いを抱いたままコミュニケーションが断絶してしまうよりは、親子の距離を縮めることができるはずです。親子の間では二度、三度と同じような問題が起こるものです。

親の思いを子どもに届けるためには、毎回の話しあいが大切です。

一度や二度の努力で問題が解決することはないかもしれません。最初のうちは、コミュニケーションがはかれたというだけでは満足できないかもしれません。しかし、お互いについての小さな発見や変化が驚くほど大きな感動を生むこともあります。

わが子であっても、「自分とは違う人格を持つひとりの人間」として観察してみれば、子どもはじつにおもしろい存在です。「こんなことを思っていたのか」「ここまで考えていたのか」という驚きの連続です。子どもの本心がわかれば、親の考え方も変わってきます。わが子に対する新たな関心とともに、自分に対する関心も生まれます。親業で子どもと接するうちに、時には親子関係だけではなく、親の価値観や人生観まで変わってしまうのです。

親と子の関係にも、子どもの人生にも、いつ、どこで、どんな転機が訪れるかわかりません。この1か月、この1週間、この1日、この一瞬が決定的な意味をもつこともあります。あとになって「あのとき親業を知らず、子どもの気持ちを聞かず一方的に決めつけていたら、どういうことになっていたのだろう」と考え、ぞっとしたという感想もたくさんいただいています。

次章からは、子どもの気持ちを聞くための「能動的な聞き方」、親の思いを伝えるための「わたしメッセージ」、そして親子の対立を解消するためのいくつかの方法を具体的にご紹介していきましょう。

一度、試してみて何かが起これば、次にもまた変化が起こります。その継続の先には、もっと大きな変化が待っているかもしれません。

第２章

子どもの気持ちがわかる聞き方

能動的な聞き方

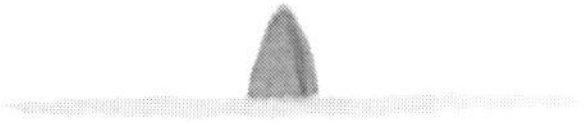

「今日は雨だから学校に行きたくない」と言う子へ

「親業」において、親が自分の思いを語るための方法が「わたしメッセージ」、子どもの話を聞くための方法が「能動的な聞き方」です。しかし、会話は言葉のキャッチボールです。どちらの場合も、一方が語りつづけたり、語りっぱなしになったりするようではコミュニケーションが成立しません。

したがって、両者はつねにセットで用います。親が自分の思いを「わたしメッセージ」で語り終えたら、次は子どもの気持ちを「能動的な聞き方」で聞く。しかし現実には、親が一方的に語り、質問し、指示を出し、命令していることが多いのではないでしょうか。

この章ではまず「能動的な聞き方」について説明します。「いまは子どもの話を聞こう」と決め、意識的に子どもの言葉に耳を傾けてみると、考えてもみなかったような展開に驚かされることがあります。それまでの自分がいかに子どもの話を聞いていなかったか、いかに一方的に語っていたかを思い知らされます。

ある朝、子どもがこんなことを言いだした場面を考えてみましょう。

「お母さん、今日は雨だから学校に行きたくない」

「学校に行きたくない」と言うからには、その子は何らかの問題を抱えているはずで、「能動的な聞き方」で子どもの気持ちを聞くときです。

しかし親業を知らなければ、思わず言い返してしまうのではないでしょうか。

「傘をさして行けば大丈夫でしょう」

「学校に行けば、きっと楽しいことがあるわよ」

「お父さんだって我慢して会社に行くんだよ」

「雨くらい何よ」

「いいから、とにかく着替えていらっしゃい」

親によって表現はさまざまでしょうけれど、要は子どもの話を聞かないまま「学校に行きなさい」というメッセージを出すのです。

結果的に子どもは学校へ行くかもしれません。しかしそれは親に命令されたから行くだけであって、自分で納得して行くわけではありません。自分の気持ちを聞いてもらえなかったという不満やわだかまりが残るでしょう。しかも、こうした対応では、親の指示によって動く子どもは育っても、自分で考える力を持つ子どもは育てられません。

子どもによっては「お父さんだってこの間、ズル休みしたじゃないか」「先週の習い事のときは雨だから休んでいいって言ったじゃない」などと言いはじめ、親とケンカになります。「イヤだ、絶対に行かない！」と言い張って、収拾がつかなくなることもありそうです。

そもそも子どもが抱えていた問題が解決していません。子どもの投げたボールはどこかに飛んでいってしまったのです。そして親には、「今日は雨だから学校に行きたくない」と言った子どものほんとうの気持ちがわからないままです。

親がとりがちな「お決まりの12の型」

親業では、こうした場面で多くの親がとりがちな対応を12の型に分類し、「お決まりの12の型」と呼んでいます。

①命令・指示……「文句ばかり言ってないで、行きなさい！」
②注意・脅迫《きょうはく》……「ズル休みだって先生に言いつけるよ」
③訓戒・説教……「学校は、雨が降ったくらいで休んでいいところじゃないのよ」
④講義・論理の展開……「雨はイヤだ、イヤだと思うから行きたくなくなるのよ」
⑤提案・忠告……「レインコートを着て行けばいいじゃない」
⑥批判・非難……「ちょっとイヤなことがあると、すぐ弱音を吐くのね」
⑦悪口・侮辱《ぶじょく》……「いつまでたっても甘ったれだね」
⑧解釈……「苦手な教科のテストがあるからじゃないの」
⑨同意……「それなら行かなくていいわよ」
⑩激励・同情……「雨だけど、がんばって行こう」
⑪質問・尋問《じんもん》……「どうしてイヤなの？　学校で何かイヤなことがあるの？」
⑫ごまかし……「それよりまず朝ごはんを食べようよ」

これらのなかに、あなたがふだん、子どもに向かって言いがちな表現はありましたか。

もちろん、親が口にしがちな表現はほかにもたくさんあるでしょう。それらもこの12の型のどれかに入るはずです。

多くの場合、それらの表現には共通した特徴があります。子どもは白いボールを投げたのに、親は自分が投げたいボール、たとえば赤いボールや黄色いボールを投げ返しているということです。つまり子どもの話をよく聞かず、一方的に命令したり、脅《おど》したり、説教したり、勝手に解釈したり、解決策を押しつけたりしているのです。これではキャッチボールになりません。キャッチボールは同じボールを投げあうものです。

それでは、同じ色のボールでキャッチボールするにはどうすればいいのでしょう。

子どもが自分の気持ちと向きあう時間

子どもが「今日は雨だから学校に行きたくない」と言いだした例は、親業の講座に通っていたあるお母さんが実際に体験したケースです。子どもは小学生。そのお母さんはこんなふうに対応しました。

子ども　今日は雨だから私、学校に行きたくない。

お母さん　雨だから学校に行くのがイヤなんだね。
子ども　うん……。だって、ランドセルが濡《ぬ》れるんだもの。
お母さん　そうか、ランドセルが濡れるのがイヤなのか。
子ども　うん……。だって、みんな大きい傘をさしているよ。私だけだよ、小さい傘をさしているのは。
お母さん　小さい傘だとイヤなんだね。
子ども　うん……。（また考える）ねえ、お母さんのあの白い傘、貸してくれる？
お母さん　いいよ。
子ども　ほんと？　じゃ、私、学校へ行く。行ってきまぁーす！

こうしてこの子はうれしそうに登校しました。お母さんの傘を借りることでその子の問題は解決したのです。しかもその解決策はその子が自ら考えだしたものでした。「学校へ行く」という結果は同じでも、親に命令されて行くのと、自分で問題を解決し、納得して行くのとでは、子どもの気持ちはまったく違います。

短いやりとりのなかで、子どもは何度も「うん……」と答えて沈黙しています。しかし、ただ黙っていたのではありません。自分の気持ちを確かめていたのです。自分が投げたボールが戻ってきたから、もう一度、そのボールについて考え、考えた結果をまたボールにして投げ返してきたのです。

このお母さんは、子どもが考えている間じっと待つことができました。「雨だから学校に行きたくない」「ランドセルが濡れるのはイヤ」という子どもの気持ちをそのまま受け止めました。だからこそ、学校に行きたくないのは甘ったれだからではなく、学校でイヤなことがあるためでもなく、「小さな傘がイヤ」という理由を知ることができました。「お母さんの傘をさして行く」という解決策も、子ども自身が考えだすことができました。

親が我慢しきれず、「お決まりの12の型」で応じてしまいそうな瞬間もいくつかあります。たとえば子どもが「ランドセルが濡れる」と言ったとき、「ランドセルカバーをして行けばいいじゃない」と言いたくなりませんか。「小さい傘をさしているのは私だけ」と言ったとき、「まだ小学生だからしょうがないでしょう」「今度、買ってあげるから今日は我慢しなさい」などと言ってしまいませんか。

この話には後日談があります。次に雨が降った日、その女の子は何も言わずに自分の傘をさして行ったのです。お母さんの白い傘をさしてみたら、やはり大きすぎて具合が悪かったのでしょうか。ほんとうの理由は本人に聞いてみなければわかりませんが、とにかくその子は自分の判断で、次のときは小さな傘を選びました。

自分で問題の解決策を考え、実行してみた結果、それが不適切だとわかり、方針を修正するチャンスを与えられたわけです。この場合も、お母さんのほうから「やっぱりお母さんの傘は大きすぎたんじゃない？」などと口を出していたら、子どもが意地になって違う展開になっていたかもしれません。子どもが自分で考える機会を親が奪わないことが子どもの成長をうながしていくのです。

「受動的な聞き方」と「能動的な聞き方」

「能動的な聞き方」は、子どもと話をする際に「聞き上手」になるためのテクニックでもあります。親が「あなたの話を聞こうとしているよ」「あなたの気持ちを理解しようとしているよ」という気持ちを言葉や態度で示すことによって、子どもが心を開き、自ら語り、自分で問題を解決するのを助けることができます。

「能動的な聞き方」は親業独特の言葉ですが、広く精神科や心療内科でカウンセリングに用いられているActive Listeningという方法が基本となっています。Active Listeningはビジネスの世界でも会議や商談、部下の指導などに応用され、一般には「積極的傾聴法《けいちょうほう》」と訳されています。

親業の創案者であり、臨床《りんしょう》心理学者でもあったゴードン博士は、この手法が少年たちのカウンセリングにおいても有効だったため、親業に取り入れることにしました。「積極的」「能動的」と言うからには、相対するものとして「受動的な聞き方」があります。相手の話を聞いてはいるけれど、積極的、能動的に「聞いた」「理解した」ことを確認しづらい聞き方です。

その代表が「沈黙」です。ただ黙って相手の話を聞くのがもっとも受動的な聞き方と言えるでしょう。「相槌《あいづち》を打つ」のも受動的な聞き方のひとつです。「ふん、ふん」とか「ああ」などと言って反応はするけれど、やはり相手の話をいかに理解したかの確認はありません。

同じ相槌でも「それで?」、あるいは「ああ、なるほど」になると、相手の話に興味をもっているという気持ちは伝わります。しかし、やはり受動的です。相手がほんとうに伝えたがっていることを自分が理解しているかどうかを確認していないからです。理解したかもしれないけれど、していないかもしれない。もしかしたら誤解しているのかもしれない。それを言葉で確認しないため、相手にも自分の真意が理解されたのかどうかわかりません。

「能動的な聞き方」では、相手の言いたいことや背後にある感情を、その都度、丁寧に確認していきます。「私はあなたの言いたいことをこういうふうに理解したんだけど、それでいいの？」と言って、同じボールを相手に投げ返します。「雨だから学校に行くのがイヤなんだね」「ランドセルが濡れるのがイヤなのね」などの言葉には、そういう意味があるのです。

こうしたボールが返ってくれば、子どもは話を続けやすくなります。「あなたはこう言いたいのね。私の理解は正しい？」と聞かれているのですから、「イエス」か「ノー」で答えやすいのです。「うん、そうだよ」か「違うよ」で反応できます。

そして、「うん」とか「違う」と言ったあとで、子どもはそのことについてさらに考えます。自分の気持ちと向きあい、なぜ「うん」なのか、なぜ「違う」のかを説明しようとします。「だってランドセルが濡れるんだもの」「小さい傘をさしているのは私だけ」という子どもの思いが、ここではじめて語られるのです。「雨くらい何よ」「甘ったれたことを言うんじゃない」などと言われていたら、出てこない言葉かもしれません。

「質問」で子どもの話が聞けるか？

子どもの気持ちを知りたいと思うならストレートに質問すればいい、そのほうがはるかに積極的だし、手っ取り早いと考える人もいるでしょう。

しかし、いきなり「なぜ？」「どうして？」と質問されても、子どもはなかなかホンネを答えられるものではありません。すぐに「なぜなら……」と語れる答えが出てこないことも多いからです。親の態度や言い方に反発したり、自分の気持ちを恥じたりすることもあるでしょう。子ども自身、気持ちの整理もついていないのに、親からあれこれ質問されたら混乱して黙りこんでしまう可能性もあります。

そもそも「質問」は、ほんとうに相手の話を聞こうとする行為なのでしょうか。

子どもが何か話しはじめたとき、途中で親が質問するのは積極的な態度に思えます。しかし親が質問する内容はあくまで親自身が「知りたいこと」です。子どもが「話したいこと」とは違うかもしれません。親の価値観や先入観に基づいた誘導尋問になっていく可能性もあります。子どもがほんとうに伝えたかった問題からどんどん逸《そ》れていってしまう恐れがあるのです。

子ども　今日は雨だから学校に行きたくない。
お母さん　えっ、どうして？
子ども　どうしてって、別に……。とにかく、雨だから。
お母さん　算数のテストでもあるんじゃないの？
子ども　違うよ。
お母さん　じゃあ、何で行きたくないの？　学校で何かイヤなことでもあったの？
子ども　そんなことはないよ。
お母さん　昨日は塾に行くのもぐずっていたわね。どこか体調でも悪いの？

このような展開では、子どもは「ランドセルが濡れるのがイヤだから」などと自分で考える余地もなく、もちろん言葉にすることもできなくなってしまうでしょう。お母さん自身が語り、会話をリードしています。最初に子どもが投げたボールは、もうどこにもありません。「質問」は往々にして親自身が語り、ボールを投げつづけることなのです。

「能動的な聞き方」では、相手の投げたボールをそのまま受け取り、確認を行います。具体的には次の３つの形をとります。

①相手の言葉をくり返す……「今日は雨だから学校に行きたくないのね」
②相手の言葉を言い換える……「今日は学校を休みたいんだね」
③相手の気持ちを汲《く》む……「雨の日は学校に行くのがイヤなのね」

相手の言葉をくり返すのも、言い換えるのも、相手の気持ちを汲むのも、似たところはあります。いずれにしても「あなたが言いたいのはこういうことなのね」と、言葉にして確認すればいいのです。

子どもは「自分の気持ちを理解してくれたな」と感じ、「うん」とうなずきます。あるいは「誤解されてしまった」ことを知り、「違うよ」と答えます。「イエス」か「ノー」のボールが返ってくるわけですから、親にも自分の理解が正しかったのか、間違っていたのかがわかります。

たとえば、子どもに「テストの点が悪かった」と言われれば、「何点だったの？」「どうして間違えたの？」などと聞きたくなるかもしれません。しかし聞きたいという自分の気持ちを優先すると、相手の思いを受け取ることになりません。相手のボールを受け取るためには、こんなふうに確認します。

「ああ、テストの点が悪かったのね」
「テストの点がよくなかったんだね」
「テストの点が悪くてがっかりしたのね」

このように子どもの言葉を受け止め、確認し、気持ちを汲むことが、子どもの投げた同じボールを投げ返すことです。同じボールが返ってくれば、子どもは自分が発した言葉の意味やその裏にある自分の感情を整理し、自覚し、より深く考えることができます。

大きな変化の始まり

親業の講座に参加した方々から報告があった実例をまじえながら、「能動的な聞き方」について、次の例でもう少しくわしく説明しましょう。

お母さんが台所で夕食のしたくをしていると、祐樹くん（10歳）が帰ってきました。いつも放課後の部活動で疲れていますが、その日はとくに冴《さ》えない顔をしています。

祐樹くん　ただいま。はあ〜（ため息）。疲れたよう。
お母さん　おかえり。疲れているみたいだね。
祐樹くん　うん、だってさあ、たいへんだったんだよ。
お母さん　たいへんなことがあったんだ。それで疲れちゃったんだね。
祐樹くん　だってね、帰り道でふざけて卓くんが空き缶を蹴《け》ったんだよ。そうしたら、通りかかったおじさんに怒鳴られたんだから。

お母さん　卓くんのせいで祐樹まで叱《しか》られちゃったんだ。怖かったでしょう。
祐樹くん　うん、その人、サングラスしてたからよけい怖かったよ。
お母さん　うわあ、そりゃ怖いよね。
祐樹くん　もう危ないことをしないように卓くんに注意しなくちゃ。
お母さん　そうだね。危ないし、怖い思いもしたくないもんね。
祐樹くん　まったく苦労が多いよ……。お母さん、おやつは？

何でもないような親子の会話です。しかし、このお母さんはレポートの最後にこう書いています。

「祐樹は自分の気持ちをあまり出さず、おまけにいつまでもこだわりやすい子だと私は感じていました。でもこのときは、すんなりと気持ちを吐きだしてくれました。とても感動しました！　ふだんだったら『おかえり』のあとは『疲れていても宿題をやってしまいなさい』などと声をかけていたと思います。でも、この日はひと呼吸おいて、いいタイミングをつかめました。言葉のかけ方ひとつでこんなに変わるものなのですね」

子どもが「ただいま」と帰宅したとたん、「宿題をやってしまいなさい！」。どんなお母さんでも言いそうな言葉です。しかし、帰宅したばかりの子どもの気持ちを考えてみましょう。子どもにも疲れているときはあるし、ストレスもあるでしょう。その日、学校であった出来事を誰かに聞いてもらいたいこともあります。それなのに、いきなり「宿題をやってしまいなさい」では、さらにストレスが加わるだけで、話そうという気持ちもしぼんでしまいます。

このお母さんは「祐樹は自分の気持ちをあまり出さない子だ」と感じていたといいます。しかし、祐樹くんは気持ちを出そうとしても、それまでは出すチャンスがなかったのかもしれません。「ただいま、ああ疲れた」「疲れていても宿題をやってしまいなさい」「でも、疲れているんだよ」「疲れた、疲れたって、いつまでこだわっているの！」というパターンのくり返しで、お母さんが「この子はこだわりやすい」と思いこんでしまった可能性もあります。

親業の講座に通いはじめたお母さんは、この日、習ったばかりの「能動的な聞き方」を試してみたのです。そして思わぬ感動を体験できました。なんでもない会話のようでも、大きな変化の始まりとなるでしょう。

15年間、娘の一言一句に説教ばかり……

やはり親業を習いはじめたばかりの母親と娘の何気ない会話です。

佐和子さん（15歳）が居間でテスト勉強をしていました。暗記モノがたくさんあってたいへんそうでした。たまたまお母さんが通りかかったときのこと。

佐和子さん　はあ～（ため息）。

お母さん　暗記しなきゃいけないことがたくさんあって、イヤになったのね。

佐和子さん　（母の言葉にきょとんとして）いや……。（また一生懸命、覚えはじめる）

土曜日の午前中、台所で茶碗を洗っているお母さんのそばに佐和子さんがふらっと寄ってきて話しはじめました。

佐和子さん　何をしようかなあ～。

お母さん　何をしようかなって考えているの？

佐和子さん　いや……、もう決まってる。

お母さん　（内心、とてもびっくりしつつ）決まってるんだ。

佐和子さん　うん、塾の宿題と数学の予習。

お母さん　塾の宿題と数学の予習か。

佐和子さん　そう、たいへんなんだよ。じゃあ、勉強してきま～す。（2階へ行く）

このふたつの短いやりとりに関して、お母さんは長い感想を寄せています。

「いままでは娘が『何をしようかな～』と言ったら、かならず『○○をしなさい』と指示していました。『娘は何も考えていない』と即、考え、だから私がアドバイスしてやらなければならないとばかりに口を出しました。でも「能動的な聞き方」をして、口では『何をしようかな～』と言っても、ちゃんとやるべきことを考えていたことがはじめてわかり、これにはびっくりしました。

また、娘がため息をついたときなど、『いまやっていることをやりたくないから、ため息をついている』と勝手に決めつけていました。それでいつも『やる気を出しなさい』などと長々と説教しました。でも今回、聞いてみてはじめて、やる気がなかったのではないと気づきました。それなのに私は説教し、それが娘との言いあいにまで発展し、結局、かえってやる気をそいでしまっていたのだと反省しました。

「能動的な聞き方」をすれば相手の気持ちを勝手に決めつけたりしないですむので、対立が防げるのですね。もっと早く親業を学んでいればよかった。15年間、娘の一言一句をとらえては説教ばかりで、娘にはかわいそうなことをしました」

「能動的な聞き方」を試してみたら驚くような反応が返ってきた。その驚きが、お母さんの心に大きな変化をもたらしたことがよくわかります。

親なら誰でも子どもにあれこれ言いたいことを持っています。それを我慢して、ひたすら子どもの話に耳を傾けるのは不自然であり、苦痛であり、親としてストレスがたまるだろうと思われるかもしれません。しかし「能動的に聞く」のは、言いたいことを我慢することとは違います。「聞く」ことがもたらす驚きや感動を一度体験すれば、子どもの話を聞くのがどんどん楽しくなり、自分から何かを言わなければならないことのほうがストレスになってくるほどです。

そのアドバイスはほんとうに正しいか？

もちろん慣れないうちは的確に子どもの話を聞けないこともあるでしょう。途中で口を出したり、感情的になったりしてしまうかもしれません。途中まではがんばってみたものの、最後に少し失敗してしまった例も紹介しておきましょう。

中学校で定期テストがあった日、安奈さん（14歳）が冴《さ》えない顔で帰ってきました。

安奈さん　数学のテスト、できなかった。
お母さん　そう、できなかったの。
安奈さん　すごく悪いかも……。イヤになる。
お母さん　がっかりしたのね。
安奈さん　図形がどうしても苦手なの。ママも苦手だった？
お母さん　そうね。代数は好きなのに、幾何《きか》のほうはどうもね……。

安奈さん　テストがすんだら問題集をやらなくちゃ。もうすぐ実力テストもあるから。
お母さん　どの科目も同じよね。教科書やノートを見直してから問題集で確認すると、自分のわからないところがはっきりするものね。

このお母さんはなかなか健闘したと思います。能動的な聞き方を知らなければ、「テスト、できなかった」と言われた時点で、「どこができなかったの?」「何がわからなかったの?」「何点くらい?」などと追及し、質問攻めにしていたかもしれません。しかし最後には我慢できず、勉強のしかたをアドバイスしてしまいました。安奈さんが「問題集をやらなくちゃ」と言って意欲的な姿勢を見せたので、ついうれしくなってしまったのかもしれません。

お母さん自身、「だんだん自分の考えが前面に出て、自分の意見を言ってしまって残念に思った。『問題集をやらなければいけないと思うのね』と言うべきだった」と書いています。

それもひとつの可能性です。あるいは「実力テストではもっといい点を取りたいんだね」という答え方もあるでしょう。その結果、安奈さんのほうから「そうそう、今のままじゃいけないと思う」という言葉が出てくる可能性もあります。そのとき安奈さんは「どうすれば効果的な勉強ができるだろう」「実力テストでいい点を取るには何を勉強したらいいだろう」などと考え、わくわくした気持ちになっているはずです。

ところが、お母さんが「どの科目も同じよね」と講義を始めたことで、安奈さんの思考は止まってしまいます。「お母さんの言うとおりにすればいいのか」と思って、言われたとおりに勉強するかもしれません。しかしそれでは、実力テストでいい点を取っても「ほら、お母さんが言ったとおりでしょう」という結論になってしまうのではないでしょうか。

安奈さんが自分で考えた方法で勉強したとしても、実力テストでやはり失敗するかもしれません。しかし自分で反省し、勉強方法をさらに工夫して、少しずつ成績を上げていく道があるのです。そうした試行錯誤の道が子どもの成長につながると考えるなら、お母さんが安奈さんのためを思ってするアドバイスは、成長への道を閉ざしてしまうことにつながります。

親の助言や指導に頼って成長する子どもは、親への依存性を高めていきます。子どもには親を超える大きな潜在能力があるかもしれず、親以上の人間、親とは違うすばらしい人間に育っていく可能性もあるのです。親への依存が続くことで、そうした可能性が小さくなってしまうかもしれません。

この事例には、もうひとつ気になる点があります。親のアドバイスや提案はつねに正しいのかという疑問です。

安奈さんのお母さんは「どの科目も同じ」と言っています。ほんとうにそうでしょうか。「教科書やノートを見直してから問題集で確認するといい」とありますが、勉強のしかたは人それぞれです。最初に問題集を解いてみて、間違えたところを教科書やノートで確認するほうが効果的な場合もあるのではないでしょうか。

親があれこれと口を出すのは、もちろん子どもを思ってのことです。しかし、よくよく考えてみれば、親のほうが筋の通らないことを言っていた、ナンセンスな助言をしていたというケースも往々にしてあるものです。

「子どもが問題を持つ」がいつの間にか「親が問題を持つ」に

次に紹介するのも、やはり最後に失敗してしまったケースです。

春樹くん（10歳）が夕方になっても「あ～あ、疲れた」などと言いながら、リビングに寝転がっています。剣道の稽古《けいこ》がある日には、いつも「どこかが痛い」「疲れた」などと言うのです。お母さんは「また休む気なのだろうか」と気になってきました。

お母さん　どうしたの？　疲れているみたいね。

春樹くん　朝から頭が痛いし、どっと疲れてる。何もせずに2～3時間、眠りたい。

お母さん　そう。ほんとうに疲れているみたいね。

春樹くん　こういう日にかぎって宿題は多いし、剣道にも行かなきゃならないし……。

お母さん　宿題もしたくないし、剣道にも行きたくないと思っているのね。

春樹くん　だって、寒いし……。でも、剣道もうまくなりたいと思っているんだよ。

お母さん　そう、春樹もたいへんだね。

春樹くん　あ～あ。（ため息。まだ起き上がろうとしない）

お母さん　（次の言葉が見つからず、だんだんイライラしてくる。そして、ついに……）いつまでもそんなことをしていてどうするの！　早くしたくしなさい！

子どもの気持ちを聞こうと思ってがんばったのに、とうとうお母さんは堪忍袋《かんにんぶくろ》の緒《お》が切れて春樹くんを怒鳴りつけてしまいました。お母さんの気持ちがわかる、自分でもきっとそうしてしまうという人は多いでしょう。

一生懸命、子どもの話を聞こう、子どもの気持ちに耳を傾けようとしているのに、子どもがいっこうに応えてくれなかったら、親はイライラしてきます。怒鳴りたくもなります。

しかし、ちょっと待ってみてください。「次の言葉が見つからず、イライラしてきた」のはお母さんです。お母さんが「問題を持った」のです。「子どもが問題を持っている」から、親として子ども自身が解決するのを助けようとしていたのに、話をしているうちに親のほうが解決したくなってしまったのでしょう。

「能動的な聞き方」にも限界はあります。いくら忍耐強く子どもの話を聞こうとしても、まったく状況が変わらないこともあります。当然、親はイライラします。「子どもが問題を持つ」がいつの間にか「親が問題を持つ」にすり替わってしまうのは、けっしてめずらしいことではありません。

だからと言って怒鳴りつけてしまったら元も子もありません。親業には、親の側が問題を抱えた場合の対応法も用意されています。それは第3章で詳しく紹介する「わたしメッセージ」です。「自分はイライラしている」「剣道の稽古に行くのか行かないのか、はっきりしないと困る」「剣道の稽古は大切だ」という気持ちを率直に子どもに伝えるべきときなのです。

「能動的な聞き方」と「わたしメッセージ」がつねにセットであることを忘れないでいましょう。

「行かせる」のが成功で「行かせられない」のは失敗？

子どもが塾や習い事、時には学校に行きたくないと言いだすことはよくあります。多くの親に共通する困りごとです。

その日も公平くん（11歳）が「日曜日にある塾のテストを受けたくない」と言いだしました。以前にも同じようなことがありました。日曜日のテスト以外にも塾を休む日が多く、通塾を嫌がる傾向もあったようです。

公平くん （塾に行くクルマのなかで）僕、今日、テスト、受けたくない。

お母さん テスト、受けたくないのね。

公平くん うん、受けたくない。授業や補習はイヤじゃないけど。

お母さん そう、テストを受けるのがイヤなのね。

公平くん テストはいいんだよ。そのあと、２時間も解説があるのがイヤなんだ。

お母さん 解説があるのがイヤなの？

公平くん だって、日曜日なのに一日中遊べなくなっちゃうんだもん。

お母さん そう、テストを受けるのはイヤじゃないのね。

公平くん うん……。テストだけ受けて、解説のときは帰ってもいい？　だったら、僕、テストを受けるよ。３時半に終わるから、それから遊べるもん。

お母さん そうだね、公平がそうしたいのなら、そうしようか。

一見、お母さんが公平くんの要求に負けてしまったケースにも思えます。お母さんとしては、ほんとうはテストだけでなく、そのあとの解説も受けてほしかったのでしょう。しかし、譲歩《じょうほ》しました。このままでは塾に通うこと自体をやめてしまうかもしれないと心配したのかもしれません。あるいは、「日曜日くらい遊びたい」という公平くんの気持ちを理解したのかもしれません。

いずれにしても、「テストを受けるだけでいい」という結論を出し、双方《そうほう》が納得したのです。「何が何でもテストを受けなさい」と親が命令することに比べたら、子どもが自らの行動に責任を持つ、子どもの自立をうながすといった意味で、はるかに好ましい選択だったと思います。

公平くんにしても、自分から「テストだけは受ける」と宣言したわけだし、「テストのあとは遊んでもいい」という親の承諾を得たのですから、これからは「テストを受けたくない」と言いだす日が減るでしょう。自分で結論を出し、言ったことは実行するという体験の積み重ねが、自分の人生に責任を持つことにつながります。

子どもが学校に行きたくないと言いだしたような場合にも、最終的に「行かせる」のがいい親で、「行かせられない」のがダメな親とはかぎりません。「それならずっと学校に行かなくなってもいいのか」と反論したくなる人もいるでしょう。親の価値観によるものですから、「どうしても学校に行かせたい」と思う場合は、「学校に行ってほしい」という思いを示すメッセージを出すことになります。

ただし、「行け」と言われてイヤイヤながら行かされたという事実が、その子の将来にどういう影響を及ぼすかは考えてみましょう。自分で考え、試行錯誤するプロセスを踏まなかったら、その子はどんな人間に育つでしょうか。

子どもが「行きたくない」というからには、何らかの理由、何らかの強い感情があるはずです。そう言っている子どもを受容し、子どもの感情を受け止めることもできます。最終的に「行く」「行かない」は別として、「行きたくない」という気持ちはわかった、理解したという親の姿勢から、その子は少なくとも「この親は自分の気持ちをわかってくれる」と感じます。「困ったときには相談できる相手だ」と思います。

そうした親子関係が生まれることにこそ意義があるのであり、それでこそ子どもは安心して自分の選ぶべき道、自分の将来と向きあえるはずだと考えるのが親業の基本的な姿勢です。

途中で口をはさまない

次に紹介する事例も、親としては途中で口をはさみたくなるケースかもしれません。

いつも夕食を食べながら、仁くん（8歳）と妹（6歳）がお母さんに一日の出来事を話してくれます。その夜は、妹が「イヤなこと」を話し終えたところで、仁くんが話しはじめました。

仁くん　今日、僕も学校でイヤなことがあったよ。
お母さん　仁もイヤなことがあったの？
仁くん　ケンカしたんだ。取っ組みあいの。髪の毛ひっぱっただけでアイツ、鼻血出したんだよ。
お母さん　そんなにひどくしたつもりはないのに鼻血が出てびっくりしたのね。
仁くん　ちょっとひっぱっただけなのに鼻血が出たからびっくりした。だからケンカをやめて教室に帰ろうとしたら、アイツ、後ろからキックしてくるんだ。
お母さん　ケンカをやめようと思ったのに、後ろから蹴《け》られてイヤだったんだね。
仁くん　「弱いくせにやめろ」と言ったのに追いかけてきて、何度も何度も蹴ったり叩《たた》いたりするんだ。

お母さん　あんまりしつこいからうんざりしちゃったのね。

仁くん　いつも負けて泣くくせに、腹がたつよ。だからもう一回泣かせたんだ。血が出たからびっくりしたけど、僕、してはいけないことくらいわかってるからね。傘や棒を使ったりはしないからね。

お母さん　急に鼻血が出たらびっくりするね。でも仁は人としてやっていいこととといけないことはわかっているんだよね。

仁くん　うん、大丈夫だよ。まかせといてよ。

仁くんは「髪の毛をひっぱっただけで鼻血が出た」と言っていますが、「取っ組みあいのケンカをした」とも言っています。親としては「髪の毛をひっぱったくらいで鼻血が出るはずはない」と疑いたくなるところです。友だちを出血させたわけですから「先生から連絡があるかもしれない」「先方の親に電話をして謝らなければならない」などと考え、ケンカの原因は何だったのか、鼻血はすぐに治まったのか、ほんとうは何をしたのか、先生は知っているのかと、質問攻めにしたくもなります。

しかし、途中で親が口をはさんだり質問したりしたら、子どもはそれ以上、話さなくなってしまうかもしれません。よけいなことを言って叱られたくないという警戒心が生じますから、ますます自分に都合のいいことだけを主張したくなるかもしれません。

せっかく仁くんが自分で話しはじめたのです。このお母さんは、とりあえずは最後まで仁くんの言うことを聞いてみようと考えました。その結果、「大丈夫、まかせといてよ」という子どもなりの結論まで聞くことができました。

先方の親に謝罪しなければならないと思うなら、仁くんの話が一段落してから、「お母さんとしてはむこうのお母さんに鼻血のことで謝りたいんだけど、もう少しくわしく聞かせてくれる？」などと言って切りだせばいいのではないでしょうか。

ところで、仁くんのお母さんは「ケンカをすること自体、私は悪いことだと思っていない」と書いています。お母さんと仁くんの間では「素手のケンカはＯＫ、ただし傘や棒を使って攻撃するのは、人としてやってはいけないこと」という価値観が共有されているようです。この点については意見の分かれるところでしょう。

仁くんのお母さんがどうしてそう考えるようになったのかはわかりません。ひょっとしたら仁くんは小さい頃から乱暴で、傘や棒で友だちを傷つけることもあったため、まずは道具を使うことをやめさせたいと思っているのかもしれません。あるいは「男の子ならケンカくらいあたりまえ」と考えているのかもしれません。これに対し「道具を使うかどうかは関係ない。ケンカすること自体がよくない」と考える親もいるでしょう。

しかし、子ども同士のケンカをどのようにとらえるべきかという価値観を親に対して提示するのが親業ではありません。親である一人ひとりが自分自身の価値観を持ち、その価値観を持って「自分の子ども」を育てていくのが親業のあり方です。大切なのは自分自身の価値観をはっきりと認識して、その価値観を子どもにはっきりと伝えていくことなのです。

13歳男子の涙

親子のコミュニケーションがうまくいかないとき、親は苛立《いらだ》ち、悲しい気持ちになります。しかし、子どもも同じようにつらい思いをしていることも多いのです。

4人兄弟の三男の和也くん（13歳）はいつも反抗的で、お母さんの言うことをなかなか聞きません。その日も「やっておきなさい」と言っておいた数学の宿題が終わっていないなかったので、お母さんが「一緒にやろう」と言って隣に座りました。

和也くん　……。（ふてくされた様子で黙っている）

お母さん　こうやってお母さんと一緒に勉強するのがイヤみたいね。

和也くん　うん、イヤ！（怒ったように強い調子で）

お母さん　勉強しなさい、勉強しなさいと言われるのがイヤなの？

和也くん　うん……。（まだ怒っているが、少し態度がやわらかい）

お母さん　……。（しばらく黙り、どう言ったらいいか考える）

和也くん　……。（だんだんうつむきかげんになり、立てた膝《ひざ》のなかに顔を埋《うず》める。少し泣いているようだ）

お母さん　お父さんやお母さんがしょっちゅうあれしなさい、これしなさいと言うのがイヤなのね。

和也くん　……。（顔を埋めたまま黙ってうなずく）

お母さん　言われなければ僕はやるのに、と思っているのね。

和也くん　……。（うなずく。涙が出ている）

お母さん　よし。それならお父さんもお母さんもこれから言わないから。和也のこと、信じるから、自分でやってね。

和也くん　……。（うなずく）

このやりとりのなかで、和也くんはほとんどしゃべっていません。黙ってうなずき、膝の間に顔を埋めて泣いているばかりです。

しかし、13歳の男の子が母親の前で泣くのはよほどのことでしょう。お母さんは、一方的に話しかけているようでいながら、和也くんの苦しい思いをしっかり汲み取ったようです。「いつもは大声で怒鳴りあうか、和也がふてぶてしい態度で親に反抗するのがオチでしたが、この日はめずらしく素直な態度で私の言うことを聞いてくれました」と書いてあります。

和也くんは4人兄弟の3番目です。兄二人と6歳の弟がいます。だとすれば、日頃、自己主張できる機会も少なく、両親にかまってもらった体験もあまりなかったかもしれないと想像できます。いつも「ああしなさい、こうしなさい」という指示命令や叱責《しっせき》ばかりで、気持ちが鬱屈《うっくつ》していたのかもしれません。そうした不満が「反抗的な態度」として表れ、お母さんの目に「ふてぶてしい子」と映っていた可能性があります。

これは憶測にすぎませんが、もしほんとうにそうした関係だったとすれば、和也くんにはお母さんがやさしい言葉をかけてくれるだけで十分だったのです。「お母さんは僕がイヤだと思うことをわかってくれた」と感じられただけで気持ちがほぐれ、それが13歳の涙となって一気に流れだしたのではないでしょうか。

ところで、お母さんが最後に「自分でやってね」という言葉を言わないでいたら、この会話はこの後どこに行ったのでしょう。和也くんはどんなふうに自分を語り、どんな言葉でこの会話を終わらせたのでしょう。その点は気になるところではあります。

「話を聞くこと」と「要求を呑むこと」は違う

子どもがいわゆる問題行動を起こして親が児童相談所などに駆けこんだとき、しばしば言われる言葉があります。

「子どもの話をもっと聞いてください」

「子どもの気持ちを受け入れてください」

しかし、いざ言われてみると、「子どもの話を聞く」「子どもの気持ちを受け入れる」の意味がよくわからないという人が多いようです。

日頃から子どもの話を聞いていなければ、いざ「話を聞け」と言われても、どうすれば聞けるのかわかりません。「子どもの気持ちを受け入れろ」と言われても、どうすることが受け入れることなのかがわかりません。とにかく子どもの言い分を聞き、要求どおりにすればいいのだろうと考える親も少なくないのです。

しかし、子どもの話を聞き、感情を受け止めるのは、「要求を呑《の》む」こととは違います。「行きたくない」「ああ、いいよ」が正解というわけではありません。「ああ、いいよ」というのも親が判断する言葉です。「行け」というのでもなく「行かなくていい」というのでもなく、「行きたくない」という子どもの気持ちを確認することが「聞く」ということです。

子どもの気持ちを理解して見守ることとは、理解もしないまま要求を呑むこととはまったく違う結果をもたらします。ろくに子どもの話を聞かず、子どもの気持ちを理解できないまま要求だけ呑む親は、子どもをよけいに苛立たせます。それは「甘やかし」であり、「親の役割」の放棄です。子どもの問題行動は変わらず、親のイライラも解消しないでしょう。

一時期、家庭内暴力が大きな社会問題になった頃、事件が起こる家庭のひとつの典型として「過干渉の母親、無関心な父親」という構図が指摘されました。日本が経済的に豊かだった時代です。母親は家事労働から解放され、すべてのエネルギーを育児と教育に注ぎこみました。思春期を過ぎた子どもたちにとっては、息が詰まる思いだったでしょう。一方、父親は仕事第一で家庭のことはすべて母親まかせ。子どもには悩みを相談できる相手もいません。

そうした状況で子どもが強い自己主張を始めたとき、一部の親たちはあわてふためきました。子どもの一方的な言い分を聞き、子どもの要求をすべて呑むことで対応しようとした親もあったことでしょう。否定的な言い方で「あれはダメ、これもダメ」と、あらゆることに口を出す結果になった親もあることでしょう。どちらも子どもを大切に思うがゆえの行動です。

しかし、子どもたちはそれで「愛されている」と感じたでしょうか。要求だけは呑んでくれるけれど、この親は自分の気持ちを理解していないと悟ったとき、子どもたちはむしろ強い孤独を感じるのではないでしょうか。要求の多い親に絶望を感じるかもしれません。

要求は受け入れられなくても、「理解されている」「守られている」「信頼されている」と実感できたとき、子どもにも親の気持ちを受け入れる余裕が生まれます。子どもの要求を拒否することが「愛していない」ことと同義ではないことがわかってくるのです。だから、ホンネで語ればいいのです。

たとえば子どもが塾や習い事に行きたがらないとき、親の心のなかに「高い月謝を払っているのに、休まれたら無駄になる」という思いがあるとしましょう。ところが、子どもに向かってお金の話をしたくないという気持ちも強いため、月謝のことは避け、「行くほうがあなたのためになる」「きちんと通うって約束したじゃないの」などという言葉で子どもの気持ちを動かそうとします。自分のホンネを隠したまま、「あなたメッセージ」で対応してしまうのです。

しかし「お金がもったいない」というのが親の正直な気持ちであるなら、そう言ってもいいのではないでしょうか。「あなたの……」「あなたが……」ではなく、「わたしメッセージ」で語るのです。

「お金がもったいないから行け」と言うのとは違います。親の率直な気持ちや具体的な事情を教えることによって、子どもははじめて「1回休むと1500円も無駄になる」という現実を認識できるのではないでしょうか。

「ここは一方的に子どもの要求を呑むわけにはいかない」と思ったときは、次章で紹介する「わたしメッセージ」で親の思いを語りましょう。それでも話がかみあわなければ、第4章で紹介する「対立を解消する方法」に進みましょう。

第３章

親の思いが伝わる話し方

わたしメッセージ

娘の強さに心ふるえる感動

この章では、親が自分の気持ちを子どもに伝えるための「わたしメッセージ」についてお話しします。第2章で紹介した「能動的な聞き方」と「わたしメッセージ」はセットで使うのが原則です。

まずは、いじめが原因で不登校となっていた子どもとお母さんの会話を紹介しましょう。

彩花ちゃん（10歳）が半年ぶりに登校した日の昼頃、お母さんの勤務先に彩花ちゃんから電話がかかってきました。

彩花ちゃん　ママ、ただいま。
お母さん　おかえり、彩花ちゃん。
彩花ちゃん　うん……。ママ、何時頃、帰る？
お母さん　5時までには帰るつもりよ。

彩花ちゃん　そう……。

お母さん　どうしたの？

彩花ちゃん　べつに……。ただ、何時に帰るのかなと思って。

お母さん　そう？（変だなと思う）何かあったの？

彩花ちゃん　うん……。靴箱に「来るな」って手紙が入ってた。

お母さん　そっか……。イヤだったね。

彩花ちゃん　うん……。

お母さん　「来るな」って言われたら、傷ついたね。

彩花ちゃん　うん……。（沈黙）

お母さん　悲しいよね。

彩花ちゃん　でも、明日は行くよ。休んだら負けるような気がするし。

お母さん　負けたくないと思ったんだね。行こうと思うんだ。

彩花ちゃん　うん。

お母さん　そうか、そうか……。今日はママ、早めに帰るからね。

彩花ちゃん　うん、わかった。じゃあね、バイバイ。

――帰宅後、彩花ちゃんを抱き寄せてさすりながら――

お母さん　つらかったね。だからママに電話したのね。

彩花ちゃん　うん……。

お母さん　電話もらってから彩花ちゃんの気持ちを思ったら、ママも心が痛くてね……。でも、休んだら負けだから明日は行くって言ったでしょ。すごく頼もしいと思ったよ。彩花ちゃんが決めたんだなあってね。なんか、強さみたいなものを感じたよ。

彩花ちゃん　（うなずいて、うれしそうに）うん、先生にも言ったんだよ。先生、すごく怒ってた。こんなひどいことするなんて、悔しいねって。

お母さん　そうなんだ。先生も一緒になって怒ってくれたんだね。

彩花ちゃん　うん。

お母さんの感想文には、こう書いてありました。

「娘の強さに心がふるえるような感動がありました。大好きな担任の先生に共感してもらえたことも大きな力になったのでしょう。以前の私だったら『先生に言ったの？』『誰にやられたの？』『ママが言おうか？』などと質問攻めにしたところですが、今回はひたすら愛情をもって待つことができました。沈黙して聞くことのすばらしさを身をもって知りました」

お母さんがひたすら愛情をもって彩花ちゃんの言葉を待てたこと、大好きな先生が共感してくれたこと。どちらも彩花ちゃんにとって大きな力となったはずです。自分の気持ちを聞いてくれる人がいる、わかってくれる人がいる。それだけで子どもは歩きはじめることができるのです。

しかし、このお母さんのすばらしいところはそれだけではありません。帰宅後の後半部分で、彩花ちゃんに向かってこう言っています。

「彩花ちゃんの気持ちを思ったら、ママも心が痛かった」

「明日は行くという言葉を聞いて、すごく頼もしいと思った」

「強さのようなものを感じた」

どれも、お母さんの気持ちです。「偉いね」でもなく「がんばったね」でもない。お母さん自身の感情を率直に伝えたのです。それに対して彩花ちゃんはうれしそうに「うん」と答えました。お母さんの感情を受け止めたのです。親子の心が通じあい、ほんとうの意味での二人三脚を始めたことがよくわかる一瞬です。

「偉いね」ではなく「うれしいわ」

子どもと話をするとき、親のなかには「自分はこの子を育て、導く者だ」という意識があります。「自分のほうが知恵も経験もある」と思いがちです。無意識のうちに「上から目線」になってしまうのです。

それでは子どもの前で素直に感情を表現することができません。喜びや怒り、悲しみといった感情を見せることに対する照れくささもあるでしょうし、弱みを見せたくない気持ちもあります。親は子どもの前で感情的になるべきではないといった思いこみをしている人もいるでしょう。

しかし親と子も生身《なまみ》の人間同士です。互いを理解し、心を通じあわせるためには、親もあたりまえの感情を持ったひとりの人間として子どもと向き合わなければなりません。

子どもが何かよいことをしたとき、親はよく「偉いね」とか「よくがんばったね」という言葉をかけます。しかしそれらの言葉には、上から見下ろしているようなニュアンスが含まれます。「偉いね」も「がんばったね」も、親の感情の発露《はつろ》ではなく、上下関係に基づく評価なのです。

それらの言葉にはもうひとつ大きな特徴があります。「偉いね」「よくがんばったね」に主語をつけてみてください。偉いのは誰か、がんばったのは誰か。それは目の前にいる子どもです。「あなた」です。これらの言葉は「わたし」ではなく「あなた」の行動を評価し、是非《ぜひ》を判断する「あなたメッセージ」です。「わたしメッセージ」は親自身の感情を表現するための方法ですから、主語はつねに「わたし」となります。

子どもが偉いと感じたとき、よくがんばったと思えたとき、親はどんな感情を抱くのでしょう。「うれしい」のではないでしょうか。「感動した」のではないでしょうか。その子を「誇《ほこ》りに思う」のではないでしょうか。

だったら、その気持ちをそのまま言葉にしてみたらどうでしょう。

「今度のテストはすごくよくできたのね。ママ、うれしいなあ」

「運動会でおまえが一生懸命に走る姿を見て感動したよ」

「友だちにイヤなことを言われても負けなかったのね。あなたを誇りに思うわ」

このほうが、親の思いや愛情が伝わりやすいのです。子どもは、自分を見守ってくれる親の存在を身近に感じられます。

こうした表現を、親業では「肯定のわたしメッセージ」と呼んでいます。「肯定のわたしメッセージ」は、親子ともに困ったり悩んだりしていない「問題なし」のときに有効です。むしろ、親も子も幸福なとき、感動したときにいっそう効果的な話し方です。

親は、子どものすばらしい部分より至らない部分が目に入りがちです。褒《ほ》めるより小言《こごと》を言ったり叱《しか》ったりするほうが多いのです。子どもが何か新しいことを達成しても、「できるのはあたりまえ」と感じてしまったりします。

しかし、「できるのはあたりまえ」などとは言い切れません。そう思うのは、ほかの子どもや兄弟と比べているため、あるいは本などで読んだ知識のせいではないでしょうか。子どもの成長は一人ひとり違います。ほかの子にはあたりまえのことでも、その子にとってははじめての出来事であり、大きな成長の証《あかし》かもしれません。「できた」という事実をありのままに認め、「あなたができたことがうれしい」という感情を親がそのまま言葉にすれば、子どもはより大きな達成感を味わえます。

彩花ちゃんのお母さんも「すごく頼もしいと思った」「強さのようなものを感じた」という肯定のわたしメッセージを発しています。その言葉が、「うん」という彩花ちゃんのうれしそうな返事につながりました。

一方、お母さんは「彩花ちゃんの気持ちを思ったら、ママも心が痛かった」とも言っています。これは「肯定のわたしメッセージ」ではありません。お母さん自身のつらい気持ちをそのまま言葉にしています。「わたしメッセージ」は親自身のマイナスの感情を伝えることもできるのです。しかしこれもまた、多くの親が苦手としているところではないでしょうか。

「あなたメッセージ」で話していないか？

子どもの行動に関して、親が「イヤだ」とか「困った」「つらい」「面倒だ」、時には「そんな話は聞きたくない」と感じても、その感情をそのまま子どもに伝えることに抵抗を感じる親は多いものです。とくに「いい親でありたい」と考える親ほど、自分のネガティブな感情を認めたがらない傾向があります。

だから「わたしは……」で始まる言い方はしたくないのでしょう。かわりに「あなたは……」とか「あなたのために……」といった表現に頼ります。

たとえば、ズボンのポケットの中にティッシュが入ったままで、洗濯かごに入れる場面を考えてみましょう。そのままでは洗濯することはできませんので、親がポケットからティッシュを取り出すことになります。当の本人は、洗濯前に親が確認するのだからと何も気にしてはいませんから、子どもが困ったり悩んだりして問題を持っているわけではありません。問題を持っているのは親のほうです。

ところが多くの親は、あくまでも子どもが悪いのだと子どもを責めます。

「いつも言っているのに、どうしてできないの？」

「あなたは本当にだらしないのだから」

「お母さんがたいへんだっていうことくらいわかるでしょ！」

いずれも主語は「あなた」です。多くの親は、「わたしメッセージ」を出すべきときに「あなたメッセージ」を出しているのです。そして、その多くは「命令」や「脅迫《きょうはく》」「説教」「提案」「非難」といった「お決まりの12の型」（56ページ）と共通するところがあります。

もちろん、子どもの日常生活での行動や他者を思いやる気持ちのなさが気になるのも事実でしょう。しかし、それは率直な感情とは違います。そのようなことを言われても心に届きません。「うるせえ！」とか、「ほっといてよ」という反応が返ってくるかもしれません。

同じ場面で「わたしメッセージ」を発信すると、結果は違ってきます。子どもから思いがけない言葉が返ってきたという報告がありました。

小学生で9歳の翔太くんが、今日着ていたジャージを洗濯かごに入れようとしています。ポケットの中のものは自分で出してから洗濯かごに入れるように、以前から伝えています。しかし、ジャージのポケットの中にティッシュが入ったままであるのが見えました。

お母さん　ジャージのポケットにティッシュが入ったままだな。今日も、洗濯の前にお母さんが取り出さないといけないな。困るな。
翔太くん　どうせ洗濯の前に、お母さんが確認して出すんでしょ。
お母さん　いつもお母さんが出すから、自分ではやらなくていいと思っているんだ。
翔太くん　そうだよ。
お母さん　でも毎日、夜、疲れているのに、今日もポケットの中を確認しないといけないのかなぁって思うと、ホント疲れが増すから、困るんだよね。
翔太くん　（しばらくしてから）明日から、自分で確認するよ。

まず、お母さんが「困る」という「わたしメッセージ」を伝え、次に翔太くんの言い分に耳を傾けています。そして最後にもう一度、「わたしメッセージ」を伝えています。「わたしメッセージ」の間に「能動的な聞き方」がはさまった典型的な形です。

親子の間ではそれまでにも同じような問題が起こっていました。そのたびにお母さんは「ポケットの中のものを出しなさい」という命令や、「だらしがない」といった「あなたメッセージ」を出しました。それでも、翔太くんの行動は変化しませんでした。

ところがこのときは、おだやかに話しあうことができ、最後は翔太くん自身の口から「明日から、自分で確認する」という言葉を聞くことができました。

「困る」というお母さんの生身の人間としての感情、そして「いつもお母さんが出すから、自分ではやらなくていいと思っている」という子どもへの理解を示したことが、翔太くんの心に届いたためではないでしょうか。この言葉があるかないかで、翔太くんの反応は全然違ってくるはずです。

「あなたメッセージ」に潜むリスク

「わたしメッセージ」を出すべきときに「あなたメッセージ」を出すことには、大きなリスクがともないます。

まず、子どもの行動を「イヤだ」と感じているのは親のほうなのに、親自身の感情は隠したまま、自分に都合のいいように子どもを操作しようとしています。場合によっては、親は「あなたのため」という大義名分《たいぎめいぶん》まで語ります。しかし子どもは、親の偽善的な発言や論点のすり替えに敏感です。「この親はホンネで話していない」「信用できない」という烙印《らくいん》を押されてしまうかもしれません。

親が本来の問題とは違う問題をもちだすことで、話しあいの焦点がどんどんずれていく可能性もあります。

子どもが夜遅くまで友だちと電話で長々と話していて、そのことが受け入れられない。そんなときに、「もうすぐテストなのに、勉強しないの?」「ちゃんと勉強もしてるわよ」「ちっともしてないでしょう」「お母さんが見ていないだけじゃない!」などという展開になれば、本来、話しあいたかった「長々と電話で話している」問題はどこかに行ってしまいます。

さらに、親が自分の感情を隠すためにもちだした理屈や根拠がほんとうに正しいのかという疑問もわいてきます

その子は宿題を終え、ベッドに入る前のほんのひととき、疲れた神経を癒《いや》すために、友だちとおしゃべりをしていたのかもしれません。もうすぐテストだということは十分に自覚していて、プレッシャーを軽減するため気心の知れた友だちに電話をかけたのかもしれません。その日は数分で切りあげるつもりだったのに友だちから深刻な相談をもちかけられ、ついつい長くなってしまったのかもしれません。

子どもの行動にもそれなりの理由や事情はあるものです。それなのに、子どもの言い分も聞かず一方的に攻撃するばかりでは、子どもだって立つ瀬がなくなってしまうでしょう。

また、親が「イヤだ」という感情を抱いた子どもの行動自体が、間違った解釈、親の側の一方的な解釈から成り立っていることもあります。

たとえば、「子どもがよくない仲間とつきあいだした」と思われる場合、親の多くはそういう仲間との交際を禁じようとします。しかし、「よくない仲間とつきあいだした」と

考える根拠は何なのでしょう。

もちろん気になる現象はあるはずです。

「あの子とつきあうようになってから言葉づかいが汚くなった」

「あのグループに入ってから帰宅時間が遅くなった」

「彼らと一緒に過ごすようになってから反抗的になった」

しかし、「言葉づかいが汚くなった」のは、ほんとうに「あの子」の影響なのでしょうか。「帰宅時間が遅くなった」のは、間違いなく「あのグループ」に入ってからなのでしょうか。「反抗的になった」のは、疑いなく「彼ら」と一緒に行動しているためなのでしょうか。

親の目に見えているのは、「言葉づかいが汚くなった」「帰宅時間が遅くなった」「反抗的になった」という事実だけのはずです。それを「あの子」や「あのグループ」と決めつけるのは、親の憶測《おくそく》であり、偏見《へんけん》です。

もしかしたら、子どもはほかの理由でつらい日々を送っていて、「あのグループ」との交際だけがただひとつの息抜きであり、「あの子」だけが真情を打ち明けられる相手なのかもしれません。そういうケースも実際に報告されています。だとしたら、交際を禁じることは子どもをますます追いこみ、追い詰める結果につながります。

子どもも、子どもなりに複雑な世界に生きているのです。にもかかわらず、すべてを親の尺度で測って結論づけようとするのは、やはり「親には何でもわかっている」「子どものことはいちばんよく知っている」という上位意識のせいではないでしょうか。しかし、だからと言って親が子どもに働きかけられないわけではありません。働きかけ方があるのです。

3部構成の「わたしメッセージ」を発信

親業において、親が子どもにどう働きかけるか判断する基準は親の感情、つまり子どもの「行動」を親がどう感じるかです。「あなた」を主語に語るのではなく、「わたし」を主語に語ることでコミュニケーションが成立します。

「行動」とは「目に見える、耳に聞こえる事実」です。たとえば、「だらしがない」と親が言うときに事実としてどのようなことがあるでしょうか。床に脱いだ服を置いたままにしているとか、学校からの手紙をカバンの中に入れたままにしているとか、寝坊して遅刻しそうだと言う、などが事実です。親はその事実を見たり聞いたりして、「だらしがない」と判断や評価をしているのです。「目に見えず、耳で聞こえない」親の判断や評価をいくら話しても、子どもには非難がましさしか伝わりません。

親が「子どもが悪い仲間とつきあいはじめたらしい」と感じる場合、実際に起きていることは何でしょうか。たとえば、「帰宅時間が遅くなった」あるいは「言葉づかいが汚くなった」という事実です。まずは事実を認識するところが出発点となります。それは友だちや悪い仲間のせいではなく、年齢的にそういう段階に達したためかもしれないし、テレビ番組の影響、あるいは家庭環境のせいかもしれません。

したがって、一方的に「あの子たちとつきあうのはやめなさい」と命じるのは適切ではありません。まずは事実と自分の感情を親自身が確認してみましょう。

「最近、帰りがずいぶん遅い。ちょっと心配だ」

「何か言っても返事をしない。私が何かイヤなことを言っているのだろうか」

「このごろ、夕飯が終わるとすぐ部屋にこもってしまう。寂しいな」

「わたしメッセージ」を出すときは、かならず次の3つのポイントを押さえることにします。

①「目に見える、耳に聞こえる」子どもの具体的な行動
②子どもの行動が親に与える具体的な影響
③影響を受けた親が抱く率直な感情

たとえば子どもがポケットの中にティッシュが入ったままのズボンを洗濯かごに入れるケースで、お母さんは「ジャージのポケットにティッシュが入ったままだと、洗濯前にお母さんが取り出さないといけないから困る」と言っています。この場合、「ポケットにティッシュが入ったままのズボンを洗濯かごに入れる」のが子どもの行動、「洗濯前にお母さんが取り出さないといけない」が親に与える具体的な影響、「困る」が親の感情です。


朝、子どもがなかなか起きなくて困るときには、たとえばこんなふうに言ってみます。

「あなたは何度、声をかけても寝ているでしょう。お母さんは朝食のしたくをしたり、お弁当をつくったりしているからとても忙しいのに、1階と2階を何度も往復しなければならないの。それで焦ってしまうの」

つまり、「あなたのこういう行動が、私にこんな影響を与え、私はそのことに対してこ

ういう感情を抱いている」という3部構成で発信するのが「わたしメッセージ」の基本です。

怒りが頂点に達した瞬間「ちょっと待った！」

「わたしメッセージ」を出すときにいちいち3つの要素を確認しなければならないのは面倒と感じられるかもしれません。しかし、子どもに何かを言いたくなった瞬間、ひと呼吸置いて自分の感情を整理することで、自分自身の心と向きあえる効果もあります。

飼い犬の散歩をめぐる、ある親子の会話をご紹介しましょう。

わが家には友だちから3年間の約束で預かった大きな犬がいます。家族で話しあった結果、夜の散歩は健太（15歳）の仕事と決まっていました。その犬がうるさく鳴いた夜のことです。

お母さん　健ちゃん、クロが鳴いてるよ。

健太くん　（テレビを観ながら）わかってる。クロ！　ちょっと待てよ。もうすぐ連れてってやるからな。

お母さん　（1時間が過ぎ、10時になっても息子は動かない。クロがますます激しく鳴くので、私の怒りは頂点に！　その瞬間、「待った！　わたしメッセージだ」と気づく）健ちゃん、10時になったよ。遅くなってクロが鳴くと近所に迷惑だし、お母さん、気が気でない。犬、飼えなくなっちゃいそう。

健太くん　（ムッとした顔で）僕、受験生なんだよ。飼えなければ返せばいいじゃない。

お母さん　そう、健ちゃんはクロを返したいのね。勉強ができなくなるからね。でも、来年の3月までの約束だから、お母さんはそれまで預かりたい。クロが大好きだし。

健太くん　……わかってるよ。僕だってクロが好きだよ。

お母さん　健ちゃんもクロが好きなのね。

健太くん　ほんとうはね、クロは恩人なんだ。お父さんがお母さんを怒って、お母さんが兄ちゃんを怒って、兄ちゃんが僕を怒ったとき、僕、クロに八つ当たりしたことがあるんだ。だけどクロは尻尾《しっぽ》振ってたよ。うちでいちばん我慢強いのはクロだよ。

お母さん　そうだね。クロは我慢強いね。

健太くん　だから僕もクロの鳴くのには弱いんだよ。よし、行ってくる。

お母さん　（心から）クロ、よかったね。あら、あんなに喜んでる。クロも健ちゃんがいちばん好きなんだね。

お母さんが「わたしメッセージ」に切り替えたのは、「もう少しで怒りを爆発させそう」なときだったそうです。しかしその瞬間、ふと「自分はなぜイライラしているのだろう、この思いは何なんだろう」と考えることで気持ちを鎮《しず》めることができました。「いつになったら行くの！」「クロがかわいそうじゃないの！」などと怒鳴るのではなく、「私は気が気でない」という感情を伝えることができました。

健太くんは「僕が受験生だということも考えてほしい。もともと預かった犬なのだから、飼えなければ返せばいいじゃない」と言い返しています。それが健太くんの本心であるかどうかは別として、とりあえず「わかってるよ！」でも「うるさいなあ」でもなく、話にのってきたわけです。

これは、話題が逸《そ》れてしまいそうな一瞬でもあります。お母さんの対応によっては、「クロを返すべきか、預かりつづけるか」の論争に発展する可能性があります。

しかしお母さんは「能動的な聞き方」で応じ、「お母さんは預かりたい。クロが大好きだ」という「わたしメッセージ」を出しました。その率直な言葉が健太くんの心に響いたのでしょう。健太くんも素直にクロの散歩に出かけました。「クロは僕の恩人なんだ」という意外な告白のオマケつきでした。

反抗期の息子と思いもかけない楽しい時間

子どもの部屋がいつも散らかっている。注意をしても掃除をしない。親がうるさく言うと子どもは反抗的な態度になり、ついには親子の言いあいに……。どこの家庭でもめずらしくない光景でしょう。しかし、「わたしメッセージ」を出すことにより、反抗期の息子と一人で思いもかけない楽しい時間を過ごせたという報告がありました。

今日も慎吾（15歳）の部屋は雑誌やマンガ、教科書などで散らかっていました。いつも「片づけなさい」と言うのですが、生返事《なま》をするばかりでいっこうに掃除をする気配がありません。そこで今日は「わたしメッセージ」を試してみることにしました。

お母さん　マンガや本を片づけないでそのままにしておくのは困るなあ。お母さんが片づけようと思っても手間がかかるのよ。部屋の前を通るたびにげんなりするわ。

慎吾くん　自分で片づけるから、そのままほっといてよ。

お母さん　でも、このままじゃ掃除機もかけられないしねえ。

慎吾くん　もうすぐ片づけるよ。

お母さん　もうすぐ片づけるのか。じゃ、我慢して待つとするか……。

慎吾くん　……ぼつぼつ片づけるか。お母さん、手伝ってくれる？

お母さん　いいよ。手伝うよ。

慎吾くん　雑誌や本は僕が片づけるから、窓をきれいにしてくれる？

お母さん　ＯＫ。窓ガラスは引き受けた。サッシのレールもきれいにしておこうか。（二人で掃除を始める）

慎吾くん　この本棚の位置、変えたいんだけど……。

お母さん　いいよ。自分が思うように置いてごらん。そうだね、そっちのほうが使い勝手がいいかもしれないね。

慎吾くん　（最近流行の音楽を流す）お母さん、この曲、どう思う？

お母さん　いい感じだねえ。慎吾と同じ目的をもって働きながら音楽を聴くと、なんだか落ち着いて聴けるねえ。

慎吾くん　別の歌も聴かせてあげるからね。いっぱいあるんだよ。

最初にお母さんが言った「マンガや本を片づけないでそのままにしておくのは困るなあ……！」で始まる3つの文章が「わたしメッセージ」です。ふだん「片づけなさい」と言っても馬耳東風《ばじとうふう》だった慎吾くんの気持ちが、この言葉を聞いて少しは動いたようです。それでも「すぐ片づける」とは言わなかったのですが、お母さんが「能動的な聞き方」で「もうすぐ片づけるのか」と言った結果、気持ちが動いたのでしょう。自分の行動がお母さんを困らせていることを自覚し、さらにお母さんが慎吾くんの気持ちを尊重しようとしている、慎吾くんを信用していると感じられたのではないでしょうか。

以降のやりとりは、ごく普通の親子の交流です。親子ともに困ったり悩んだりしていない状況となったのですから、親子の交流が深まる場面です。

しかし、15歳の息子といえば思春期、反抗期のまっ只中《ただなか》です。こんなふうに親子で同じ音楽を聴きながら、ほのぼのと過ごせる機会はどのくらいあるでしょう。子どものほうから「この曲、どう思う?」「別の歌も聴かせてあげる」などと言ってくることはめったにないのではないでしょうか。

お母さんもうれしかったのでしょう。「いい感じだねぇ」と答えています。「いい曲ね」でもなければ、「こういう曲を聴いているのね」でもありません。「あなたと同じ目的をもって働きながら音楽を聴くと落ち着くなあ」「こういうのっていいよね」「あなたと一緒に仕事をするのは楽しいわ」という率直な感情を「わたしメッセージ」にして伝えています。

相手が15歳の息子であっても、親が少し態度を変えるだけで、こんなにあたたかい交流が持てるのです。これはちょっとした驚きではないでしょうか。

慎吾くんとお母さんのケースは、親が自分の思いを率直に語り、子どもの気持ちを理解しようという姿勢を示せば、反抗期の子どもでも心を開くという実例です。

慎吾くんは15歳ですが、本来、年齢は関係ありません。子どもはいくつになっても、心の奥底では親の期待に沿いたい、親の困ることや嫌がることはしたくないと思っています。

親のホンネが子どもの自覚をひきだす

「わたしメッセージ」の目的は親の思いを子どもに伝えることです。それを子どもがどう受け止めるかは子どもしだいですから、かならずしも親が期待した結果を導きだせるとはかぎりません。「わたしメッセージ」は、親の思うように子どもを操作するための方法でもありません。

しかし、時として期待した以上の効果をもたらすことがあります。

その日は中学校で模擬《もぎ》試験があるというのに、隼人くん（14歳）はお母さんが何度声をかけても起きてきません。電車に間に合わない頃になって、ようやくキッチンに現れました。

隼人くん　（ひとりで朝食を食べながら）お母さん、学校まで送って。

お母さん　電車に間に合わないから困ってるの？

隼人くん そうなんだ。今日、テストだから、なんとか受けたいんだけど。
お母さん (その日は親業の講座があったので) 困ったな。お母さん、これから大事な勉強をしなくちゃならないのよ。あなたを送っていくとそれができなくなるかもしれない。
隼人くん ええっ! しょうがないなあ。じゃあ、お父さんに聞いてみる。(早朝からパソコンで仕事をしている父親のところへ行って) お父さん、学校まで送ってください。
お父さん いま急ぎの仕事の最中なんだよ。お母さんに聞いてみたら?
隼人くん (ふたたび母親のところに来て) お母さん、やっぱり送ってください。僕、テスト、受けられない……。
お母さん あら、そう……。でも、隼人がテストを受けなくても、お母さんはべつにかまわないんだけど。
隼人くん うん……わかってる。でも、僕、テストを受けたい。
お母さん 隼人がそんなに困るんなら、送ってやろうか。(クルマで学校まで送る)
隼人くん (クルマを降りるときに) ありがとう。行ってきます。

大事なテストに遅れそうになった隼人くんはよほど困ったのでしょう。お母さんに頼んだり、お父さんに頼んだり……。どちらにも断られ、どうすればいいかの指示も受けられず、右往左往《うおうさおう》する姿が目に見えるようです。

親だったら自分の用事は後回しにしてでも送ってやるべきだと考える人もいるでしょう。「なんて冷たい親だ」「なんていじわるなんだ」と思う人もいるかもしれません。しかし、ほんとうにそうでしょうか。

親業では、親の都合や事情も尊重します。親もひとりの人間です。つねに子どもを優先し、自分の生活や習慣を犠牲にする必要はないのです。それは、子どもを愛しているとか愛していないとかいう次元の話ではありません。

そもそも寝坊をしてテストに遅れそうになったのは子どもの責任なのですから、子ども自身が結果を受け止めるべきでしょう。隼人くんはもう14歳なのですから、そのくらいの理屈はわかるはずです。

冒頭の「お母さん、学校まで送って」という、いかにも気軽な言葉から察するに、隼人くんはこれまでにも寝坊をしてお母さんに送ってもらったことがあったのではないでしょうか。今回も「テストに遅れそうだ」と訴えれば、当然、送ってもらえると考えていたようです。

お母さん自身、次のような感想を書き添えていらっしゃいます。

「朝は自分で起きなければならないという自覚がないように思えるので、なんとか本人に自覚してもらいたいと思っています」

このケースでは、お父さんとお母さんが「わたしメッセージ」によって自分たちの都合を主張することで、結果的に隼人くんも自分の立場を自覚することができました。最初はあたりまえのように「送って」と言っていた彼が、最後は「送ってください」という丁寧な頼み方をしているところに、そうした変化がうかがわれます。

さらにこのお母さんは、「隼人がテストを受けなくても、お母さんはかまわない」とまで言っています。これは、子どもが自分の行動に責任を持つべきであるという、このお母さんの価値観に基づいた言葉です。誰もがこう言わねばならないということではありません。このように伝えた場合、逆に子どものほうから「送ってくれないなら、テスト受けないからいいよ！」などと言い出す可能性もあります。それでもお母さんからおだやかに「お母さんは困らない」と言えたのは、親として、子どもがテストを受けるか受けないかよりも、子どもが自分の行動に責任を持つことが大切だという価値観を持って子どもに向き合ったということでしょう。

そのテストがどれほど重要なテストなのかはわかりません。しかし、中学生時代にテストを1回受け損《そこ》なうことと、自らの行動責任を学ぶこと、そのふたつを比べたら、より重要なのはどちらなのか――。親であるかぎりは、日々、そこまで考えて子どもに接したいものです。

第４章

親も子も納得の問題解決法

勝負なし法

話しあいで解決できる対立、できない対立

親と子は一緒に暮らしていても別個の人間です。それぞれに異なる事情があり、欲求があり、価値観があります。したがって、親がどれほど熱心に子どもの話を聞き、率直に自分の思いを語ったとしても、それだけでは問題を解決できないことがあります。

親業ではそうした状況を「対立」と呼んでいます。とくに言いあいをしたりケンカをしたりするわけではなく、互いの意見や言い分、希望、要求などが相容《あいい》れないということです。

子どもが大きな音でロック音楽を聴いている場面を考えてみましょう。親は子どものその行動を「イヤだ」と感じます。「親が問題を持つ」のですから、親のほうから行動・影響・感情の3つの要素を入れた3部構成の「わたしメッセージ」を出します。

「音楽を大きな音で聴いているのね。私は本を読みたいのに、音が気になって集中できないの。がっかりだわ」

子どもが「あ、ごめんなさい」と言ってボリュームを下げれば、それで問題解決です。

しかし、子どもには子どもの言い分があります。

「だけど、ロックはボリュームを上げて聴かなきゃダメなんだ」

親自身の気持ちを伝えたことで「子どもが問題を持つ」ことになりました。ここで親は「能動的な聞き方」の態勢に入ります。

「そうなの？　ロックは大きい音で聴かなきゃダメなのね」

「大きな音じゃないとロックらしい感じがしないんだよ。テストが終わったばかりなんだから、好きな音楽くらい聴いてもいいじゃない」

子どもの気持ちはわかりました。しかし自分としても「この部屋でロックを聴かれると困るの。お母さんは静かに本を読みたいのよ」という思いに変わりはありません。いくら言い分を伝えあっても平行線です。お互いの要求は変わりません。これが「対立」の状況です。対立が明確になったら、それを解消する工夫をしなければなりません。

この章では、このような対立を解消するための方法についてお話ししましょう。

親業の目的は親子のコミュニケーションをよくすることですから、もちろん対立も話しあいで解消していきます。ただし、「対立」のすべてが話しあいで解決できるわけではありません。まずは、そのことを明確にしておく必要があります。

対立を話しあいで解決するためには、双方《そうほう》が少しずつ歩み寄ったり、譲歩《じょうほ》したりすることが必要です。しかし、こんな場合はどうでしょう。

親子で一緒に音楽を楽しもうと思ったのに、親はクラシック音楽を聴きたい、子どもはロックが聴きたい。話しあいの結果、「間をとってポピュラー音楽を聴こう」という結論になるでしょうか。それで双方が満足できるでしょうか。

あるいは、二人でテレビを観ようとしています。親はニュース番組を観たい、子どもはバラエティ番組を観たい。だったら「間をとってドキュメンタリー番組にしよう」という話になるでしょうか。それで満足できるかといえば、おそらく無理でしょう。

結果的に子どもの好みを尊重してロックを聴いたり、親が「そんな番組は教育によくない」と主張してニュース番組を観ることになるかもしれません。これでは一方は満足でも、もう一方には不満が残ります。「ほんとうはこんな音楽は聴きたくなかった」、あるいは「こんな番組を観ても楽しくない」と感じてしまうのです。

趣味や嗜好《しこう》の対立、価値観、人生観の対立などは、話しあいで解決できるものではありません。「私は墨絵《すみえ》が好き」「僕は油絵が好き」、それなら「間をとって水彩画がいいことにしよう」というわけにはいきません。

親業においては、これらを「価値観の対立」と呼んでいます。これに対して、双方が歩み寄る余地のある場合は「欲求の対立」です。欲求の対立は話しあいによって解消することが可能です。

価値観の対立と欲求の対立を区別する方法があります。それは、子どもの行動が親に具体的な影響を与えているか否《いな》かです。3部構成の「わたしメッセージ」にしてみるとわかりやすいでしょう。

「わたしメッセージ」をつくるためには、子どもの行動が親に与える具体的な影響が必要です。それができるものは欲求の対立であり、「わたしメッセージ」をつくろうと思っても、具体的な影響がないためにつくれないものが、価値観の対立です。

たとえば「音が大きすぎて親は本が読めない」というのは具体的な影響ですから欲求の対立、「子どもが聴いている音楽がクラシックでないことが気に入らない」のであれば価値観の対立に入ることが多いと言えるでしょう。

お母さんは静かに本を読みたいのに子どもが大きな音でロックを聴いているケースでは、具体的な影響がなくなればいいのですから、解決策がいくらでも考えられます。たとえば1時間にかぎって子どもがロックを聴き、そのあとはお母さんが静かに本を読む。お母さんが先に本を読み、お母さんが夕食の準備を始めてから子どもがロックを聴く。お母さんは別の部屋で本を読む。あるいは、近くのカフェに行って本を読む……。

「でも、カフェに行ったらコーヒー代がかかるのよ。あなたが好きなロックを聴くために、どうしてお母さんがよけいな出費をしなくちゃならないの？」

「じゃあ、僕のお小遣いからコーヒー代を出してあげるよ。それならいい？」

こんな可能性だって考えられるのではないでしょうか。親子で知恵をしぼり、あらゆる可能性を考えてみれば、どこかにうまい解決策があるものです。

犠牲をはらっても「いい親」に!?

親業を学びはじめたばかりの、あるお母さんからうかがった話です。

息子の拓くんは12歳。小学校1年生のときから地元の軟式少年野球チームでがんばってきた野球少年です。小学校卒業まであと数か月となったとき、拓くんが「中学に行ったらシニアのチームに入りたい」と言いだしました。

お母さんは少しとまどいました。リトルシニアは高校野球やプロ野球と同じ硬式野球リーグです。それまで所属していた地元の軟式野球チームと違い、広い地域から腕に自信のある子どもたちが集まると聞いています。当然、練習も厳しいでしょうし、レギュラーになって試合に出るのも簡単なことではないでしょう。

お母さんはそれらの不安をさりげなく拓くんに伝え、「部活で軟式野球をやってみたら?」と聞いてみました。しかし拓くんは「シニアの体験練習だけでも参加してみたい」と言い張ります。やむなく1月のある日、親子でシニアの体験練習に参加することになりました。

河川敷《かせんじき》のグラウンドで行われた体験練習で、拓くんははじめて硬式野球のボールに触れました。小学生のチームでは考えられなかったような、バッティングマシーンや投球練習場を備えた練習場に感激しました。そして、当然のように「楽しかった」と言いました。

しかし、お母さんは保護者向けの説明を聞いて愕然《がくぜん》としていました。中学校の部活と違って、シニアの練習は休日に行われます。年末年始と盆《ぼん》休みのほんの数日を除き、土日祝日はほとんどすべて、朝から日暮れまで練習があるというのです。グラウンドまでの送迎バスはあるものの、集合場所が遠いから、朝6時半までにお弁当をつくって拓くんを送りださなければなりません。むしろ、グラウンドまでクルマで送るほうが楽なくらいです。

さらに、月に2度は母親の「当番」があり、終日、河川敷での練習につきあい、監督やコーチの昼食も準備しなければならず、ときには地方遠征《えんせい》もあり……。

とうてい無理だと思いました。拓くんのお母さんは仕事をもっています。上の娘が春から高校生になるため、毎朝、お弁当もつくらなければなりません。そのうえ休日にも拓くんの野球のために早起きしてお弁当をつくらなければならないとすれば、一年365日、のんびりできる朝がなくなってしまいます。

お母さんは拓くんに言ってみました。

「土曜も日曜も一日中練習だったら、遊べる日がなくなっちゃうよ」

拓くんは少し考えてから答えました。

「その分、月曜から金曜までの放課後に遊べる」

「でも、友だちはみんな部活で忙しいんじゃない？　遊ぶ相手がいないよ」

拓くんは不満そうな顔で黙りこんでしまいました。お母さんも、その日はそれ以上、シニアについて話すのをやめました。

お母さんとしても、母親がたいへんだからという理由で「本格的に野球をやりたい」という拓くんの希望の芽をつぶしてしまうことには抵抗を感じていたのです。拓くんが「将来の夢」について聞かれたとき、いつも「プロ野球選手」と答えることは知っていました。子どもが大きな夢を抱いているなら、多少、無理をしてでも応援してやるのが「いい親」なのではないかと思えたためです。

親がホンネを隠して語ると……

私が拓くんのお母さんと知りあったのは、ちょうどその頃のことでした。お母さんはいかにも困った様子で経緯を話してくれました。

「拓がどうしてもシニアに行きたいと言ったらどう答えようか迷っているんです。やらせてあげたい気持ちもあるけれど、負担が大きすぎます。『どうしてもやりたいならやらせてあげるけれど、私はこんなにたいへんな思いをするのよ』と言うのも脅迫《きょうはく》しているみたいで何だかイヤだし……」

私は、まず問題を整理してみることを勧めました。拓くんは「シニアに行きたい」と言い、お母さんがそれを「イヤだ」と感じているわけですから、これはお母さんの問題です。「わたしメッセージ」を出すのが適切な状況です。お母さんはどのような「わたしメッセージ」を出すことで、どんな気持ちを拓くんに伝えたいのでしょうか。

「できれば、シニアではなく中学の部活で野球をやってほしい」

「それでは、わたしメッセージにならないわね」

「わたしメッセージ」には子どもの行動、親に与える影響、親の感情という3つの段階が必要です。「できればシニアに入らないでほしい」と言われただけでは、拓くんにはシニアに入ることの何がよくないのか、お母さんがなぜ反対するのかがわからないでしょう。

「あなたは拓くんがシニアに入るのがイヤなのね。どうしてイヤなのかしら？」

「それは……週末にまで早起きしてお弁当をつくらなくてはならないし、送迎バスの集合場所は遠いからクルマでグラウンドまで送迎しなければならないし、月に2回も母親の当番があるし……」

実際に言葉にしてみると、自分でも認めたくなかったホンネがいろいろと出てくるものです。結局、シニアでは母親にもいろいろな仕事が要求される、だから、お母さんはイヤなのです。まずはその事実を親自身が自覚しなければなりません。

この段階を軽視すると、子どもとの話しあいが的外《まとはず》れな議論に発展していく恐れがあります。たとえば――。

「みんなが部活をしているときに拓くんだけ暇になっちゃうのよ。何するつもり？」

「それなら塾に行くよ。前からお母さんは塾に行け、塾に行けって言ってたじゃないか」

「ほんとうに通えるの？　そろばん塾だってサボってばかりだったじゃない」

「…………」

「朝起きるのも苦手でしょ。日曜日なのに6時半に家を出なくちゃならないのよ」

「…………」

「そもそもあなたはシニアに行って活躍して、野球の強い高校にスカウトされて、甲子園に出るなんて言ってるけど、シニアで野球をやる子のなかで甲子園に出られる選手なんてほんのひと握りなのよ」

「なんだよ、僕なんかどんなにがんばっても甲子園に行けないと思ってるんじゃないか！」

こんな言いあいに発展してしまったら最悪でしょう。もちろんお母さんにはそんなことまで言うつもりはなかったはずです。ただ、ホンネを隠して「あなたのため」を連発したため、論点がどんどんずれていってしまったのです。

子どもは弱い立場にありますから、親に「ダメ！」と言われたら現実にシニアに入ることはできないでしょう。お母さんにとっては望みどおりの結果です。しかし子どもの心には後々まで大きな不満が残ります。

「僕はシニアに入って活躍して、野球の強い高校に進んで甲子園に出て、プロ野球選手になりたかったのに、お母さんに反対されたからあきらめなければならなかった」

こうした思いは、子どもが高校へ行っても、大学へ行っても、社会人になっても、時には一生にわたり母親への恨《うら》みとしてくすぶりつづけます。お母さんの心にも「あのときシニアに入ることを反対したのはほんとうによかったのか」という疑問が残ります。

もし、その子がシニアに行って本格的に硬式野球の練習を始めていたら、ほんとうにすばらしい選手に育って甲子園に出場し、プロ入りしていたかもしれないのです。

だとしたら、お母さんがホンネを隠したまま拓くんのシニアに関して対応しようとしたことは、親子関係においても、拓くんの将来にとっても、とりかえしのつかない失敗だったことになってしまいます。親にとっても後々まで不安が残るかもしれません。子どもの意思を無視して親の言い分を押し通すときには、つねに大きなリスクがともなうことを覚悟しておかなければならないのです。

話しあいの余地

親子関係はなんとむずかしいのだろうかと思われるかもしれません。しかし拓くんの野球のシニアに関しての本質は「欲求の対立」ですから、話しあいで解決できる可能性があります。

お母さんが拓くんのシニア入りに反対する理由は何だったでしょうか。週末まで早起きしなければならないこと。お弁当をつくらなければならないこと。グラウンドまでクルマで送らなければならないこと。月に2回も当番があること……。母親にとっては、たしかにたいへんなことばかりです。しかし、考えようによっては問題点がはっきりしています。話しあいの余地があるということではないでしょうか。

まずはお母さんが「わたしメッセージ」で自分の問題を伝えてみたらどうでしょう。

「お母さんは毎日、仕事をしているし、これからはお姉ちゃんのお弁当もつくらなくちゃならなくなる。だから土日にまで早起きしてお弁当をつくるのはイヤなの」

拓くんはこう答えるかもしれません。

「僕、がんばって自分で起きるよ。お弁当はコンビニで買うから、お母さん、つくらなくてもいいよ。寝ていても大丈夫だよ」

集合場所が遠いからクルマでグラウンドまで送らなければならないことに関しても、拓くんは「自分で電車やバスを乗り継いで集合場所まで行く」と言うかもしれません。ひょっとしたら、傍《かたわ》らで母子の話しあいを聞いていたお父さんが「送り迎えくらいなら僕がやってやるよ」と言いだすかもしれません。

そして月2回の当番については、拓くんがいつになく殊勝《しゅしょう》な態度で頭を下げるかもしれないのです。

「お母さんの当番はたいへんかもしれないけど、どうしてもシニアでやってみたいんだ。ほかの面では絶対に迷惑はかけないから、どうかお願いします。シニアでやらせてください。僕、がんばって練習するから」

子どものほうからここまで言われたら、何をこれ以上、言い返すことができるでしょう。ほんとうにプロ野球をめざす気持ちのある子どもだったら、そのくらいのことは言うでしょうし、実行するのではないでしょうか。

家庭内における親子のいざこざの多くは、当事者には解決がむずかしいように思えます。

しかし実際には、双方がじっくり話しあっていろいろなアイディアを出しあえば解決できるものが多いのです。問題の所在や親の感情の根源さえ明確になれば、話しあいの余地はあります。そして、子どものほうが有効な解決策を知っている場合もあるのです。

拓くんの野球のことは、その後、意外な展開を見せることとなりました。しかし、その報告はあとにさせていただくこととして、ここでは「問題」解決のための親子の話しあいについてもう少しくわしく説明しましょう。

親が勝つか、子どもが勝つか

親子の考えや言い分が対立したときは、どちらか一方が「勝つ」形で決着することが多いものです。親業では、親が勝つ場合を「第一法」、子が勝つ場合を「第二法」、この二つをまとめて「勝負あり法」と呼びます。

一方、親子で話しあったり譲歩しあったりすることで解決策を見いだすことを、第一法や第二法に対して「第三法」、または「勝負なし法」と呼んでいます。

「勝負なし法」は「欲求の対立」を解消するために話しあう方法です。互いが満足できる結果を得るためには、親と子が対等な立場で話しあうことが原則です。親は何でも知っている、あるいは、経験も知恵もあるといった先入観はいっさいなしです。

基本的には6つの段階を踏みながら話しあいを進めます。これは会議の手順のようなものです。

第1段階　問題（互いの欲求）を明確にする
第2段階　考えられる解決策を出す
第3段階　解決策を評価する
第4段階　双方が納得いく解決策を決定する
第5段階　解決策を実行に移す
第6段階　結果を評価する

親子の間で対立が生じ、「じゃあ、勝負なし法で考えてみようか」ということになったら、まず「問題」の本質を明確にします。

子どもが大音量でロックを聴いている例で考えると、問題の焦点は「子どもはロックを聴きたい、親は本を読みたい」。つまり、欲求の対立です。「宿題はもう終わったのか」などという問題のすり替えは好ましくありませんし、「そんな歌は好きではない」といった価値観の問題でもありません。「どうすれば子どもがロックを聴き、親が本を読めるか」に焦点を絞って考えることにします。

問題が明確になったら、互いの欲求を満足させることのできるアイディアをそれぞれが提案します。解決策はいくつあってもかまいません。実現可能か不可能かも、この段階では気にする必要はありません。思いつくかぎり何を言ってもいいのです。そして、相手がどれほど馬鹿げたアイディアを出しても、批判や非難はいっさい行わないこととします。会議などで使う「ブレーンストーミング」と考えてください。

おそらく親からは「お母さんが本を読めるのはこの時間だけだから、あなたがロックを聴くのをあとにしてほしい」「小さい音でロックを聴くのはどう？」「ヘッドフォンで聴いたら？」などのアイディアが出るでしょう。一方、子どものほうからは「お母さんは2階の寝室で本を読めば？」「耳栓《みみせん》をして本を読めばいい」などのアイディアが出るでしょう。ひょっとしたら「僕専用のオーディオルームをつくる」「防音装置付きの読書室をつくる」、さらに「もっと大きな家に引っ越す」という意見まで飛びだすかもしれません。

それはそれでかまわないのです。親子であれこれ話しあい、自由奔放《ほんぽう》にアイディアを出しあってみる。なかなか得がたい体験です。実際に試してみると、この段階で「何でも言えるのが楽しかった」と言う子どもたちが多いものです。

アイディアが出揃《でそろ》ったら、一つひとつについて親はどう思うか、子はどう思うかをチェックしていきます。「解決策を評価する」段階です。「おもしろいけれど実現不可能」なアイディアは、残念ながらこの段階で却下されるはずです。

書くものを用意して、アイディアを一つひとつ書きだしながら一覧表をつくり、親子がそれぞれ「○」か「×」をつけていくといいでしょう。この作業の最中に、また新しいアイディアが飛びだすこともあります。もちろんそれも一覧表に加えます。

そして、次の段階で解決策を決定します。双方が「○」をつけたなかから、いちばんいい解決策を選ぶのです。ここで、一覧表にあるアイディアにさらに改良が加えられる可能性もあります。

「やっぱり、お母さんがカフェで本を読むのがいいんじゃない？」

「でも、それだとコーヒー代がかかるのよ。あなたがロックを聴くためにお母さんはわざわざカフェまで行くのに、そのうえよけいに出費するのはイヤだわ」

「それなら僕が払ってあげるよ。まだ今月のお小遣いが残っているから」

それでお互いが納得できれば決定です。お母さんは子どもからコーヒー代をもらってカフェに行き、本を読みます。その間、子どもは誰に遠慮することもなく好きなロックを楽しみます。

最終段階では、親子がもう一度、話しあい、「実行してみた結果」を評価しあいます。

「カフェってけっこう居心地がいいのね。すごく集中して読めたわ」

「でも、お母さんがカフェに行くたびにコーヒー代を払うのはつらいよ。来週はヘッドフォンで聴いてもいいかな」

双方がよいと思えるアイディアがないときには、もう一度、第2段階の「解決策を出す」や第4段階の「解決策を決定する」に戻り、話しあいをやり直します。いくつかの解決策を試してみた結果、「問題」の本質が明確ではなかった、または間違えていたと思われるときには、第1段階に戻ることも考えられます。

「対立」解消までの話しあいの実際

実際に「勝負なし法」で話しあうことにより問題を解決できた例をいくつかご紹介しましょう。

中学2年生の悠子さん（14歳）は毎晩、寝る前にベッドのなかで遅くまで本を読んでいます。お母さんは何度も「目が悪くなる」と注意したのですが、悠子さんは読むのをやめません。眼鏡を買い換えたのに、悠子さんの視力はどんどん悪くなっています。二人は「勝負なし法」で話しあってみることにしました。

第1段階で、二人は「問題」を確認しました。

お母さん　「目が悪くなって眼鏡を買い換えたくないから、ベッドのなかで本を読むのは困る」

悠子さん　「本を読まないと眠れない」

第2段階で、それぞれが思いつくままにアイディアを出しあいました。そして、次のようなリストをつくりました。

①座椅子を買う。
②天井の明かりもつけ、室内を明るくして読む。
③寝室に本を置かない。
④本を読むのは1時間以内にする。
⑤読書の時間を別に決めて、寝る前には読まないことにする。
⑥寝る前は本を読まないで、かわりに音楽を聴く。

第3段階では、解決策のそれぞれを評価しました。

①お母さん「よい」、悠子さん「疲れそう」
②お母さん・悠子さん「時間が長くなったら解決にならない」

③お母さん「よい」、悠子さん「本がないと眠れない」
④お母さん「よい」、悠子さん「毎日は無理かも……」
⑤お母さん「よい」、悠子さん「それでは眠れないから無理」
⑥お母さん「よい」、悠子さん「やってみる」

評価の結果、⑥の「寝る前は本を読まないで、音楽を聴く」を選択。ただし、悠子さんの不安をやわらげるため、「できるだけ音楽を聴きながら寝るが、どうしても本を読みたいときは部屋を明るくして1時間以内にかぎって読んでもいい」ことにしました。

第5段階で二人は就寝前のＢＧＭによいＣＤを買いにいき、悠子さんはさっそくその晩から実行しました。

第6段階は「結果の評価」です。

悠子さん 「音楽を聴いていたら自然に眠くなり、本を読まなくても眠れるようになった」
お母さん 「視力も少し回復した。このまま続けてもらいたい」

「寝る前に音楽を聴く」というアイディアは大成功だったようです。お母さんと悠子さんの「対立」は解消できました。

親と子で見つけた解決策

子どもが高価な物やブランド品をほしいと言いだし、親子が対立することはよくあります。そのような場合も、一方的に「ダメ！」とか「贅沢《ぜいたく》だ」と決めつけるのではなく、「勝負なし法」で話しあうと効果的です。

中学生の健太郎くんは部活でサッカーを始めることになりました。さっそくサッカー雑誌で見たヨーロッパ製の高級スパイクがほしいと言いだし、お母さんは困っています。そんなお金は出せないし、中学生に贅沢なスパイクは必要ないと思うからです。お母さんはこの問題についてゆっくり話しあう時間をもうけました。そして、二人であれこれ言いあいながら、3つのアイディアを書き留めました。

①健太郎くんも小遣いを出して、雑誌で見たヨーロッパ製のスパイクを買う。
②日本製のスパイクを買う。
③健太郎くんの小遣いがたまるのを待って、自分で気に入ったスパイクを買う。

二人は一緒にスポーツ店へ行っていろいろなスパイクを見たり、店員さんの説明を受けたりしてから、自宅に帰って再度、話しあいました。今度は、それぞれの案について次のような意見が出ました。

①お母さん「雑誌のスパイクは大人用のもので、中学生には必要ない」
②健太郎くん「小学校の頃と同じようなスパイクでは不満」
③健太郎くん「サッカーの大会に間に合わない」

結局、②案についてもう少し詰めて話しあい、「日本製のいちばんいいスパイクを買う」ことで意見がまとまりました。親子で選んだスパイクを健太郎くんは十分に気に入って使っているようですし、お母さんも満足できました。

「どんなに子どもが望んでも言いなりにならなくてよかった。『友だちがみんな持っているから』という言葉を信じて買ってしまったらたいへんだった。中学生に身分相応なものを与えられてよかったと思っています」

最初にお母さんのほうから「日本製のスパイクでも高いのならいいでしょ」と言ってしまったら、結果は同じでも、健太郎くんはあまりうれしくなかったかもしれません。

次は、病院の待合室での親子の話しあいです。

お母さんは、中学3年生の陽太くんの副鼻腔炎《ふくびくうえん》の症状が悪化したので、耳鼻科に夕方連れて行きました。感染症が流行していたので、「感染症の検査をしてからでないと病院内へ入れないので、車の中で順番を待ってください」と言われ、車内で待っていました。1時間ぐらい待っていると、陽太くんが「携帯の充電がなくなりそうなので、帰りたい。いつまで待てばいいの？」と怒り出しました。しかしお母さんは、耳鼻科にはしばらく来ていないので、診察無しで処方箋はもらえないと思い、困ってしまいました。

まずは第1段階で問題点を明確にしました。

お母さん　「陽太の副鼻腔炎の悪化が心配。病状を確認したい。症状にあった処方薬を手に入れたい」

陽太くん　「いつまで待つのか知りたい。携帯の充電が心配。待ち時間を有効に使いたい」

次に、第２段階で解決策を出しあいました。

①車のテレビを見る。
②充電が切れるまで、とりあえず携帯で遊ぶ。
③車の中で使える充電器を近くの百円ショップへ買いに行く。（無いときはあきらめる）
④帰る。
⑤車内で寝る。
⑥「あとどのぐらい待つか」を院内へ聞きに行く。

第３段階で、解決策を評価しました。

①お母さん「よい」、陽太くん「NHKのニュースしか見られないので、つまらない」
②お母さん「よい」、陽太くん「ほかの案を思いつく前の案なので、採用しない」
③お母さん「よい」、陽太くん「よい」
④お母さん「病状もわからないし、薬を処方してもらえない」、陽太くん「よい」
⑤お母さん「よい」、陽太くん「百円ショップに充電器がないときは寝て待つ」
⑥母さん「よい」、陽太くん「よい」

第4段階で双方が納得いく解決策を決定し、⑥院内へ「あとどのくらい待つか」を聞きに行き、③車で1~2分のところにある百円ショップへ充電器があるか見に行く（無いときはあきらめる）、⑤充電器が無かったら寝て待つ、ということになりました。

解決策を実行に移す第5段階では、⑥待ち時間はお母さんが聞きに行き、二人で③近くのショッピングモールへ。二人で手分けして百円ショップと携帯などのリユースショップに充電器を探しに行くことにしました。結果、百円ショップに充電器があったので購入することができました。そうして待ち時間を過ごし、診察後はお母さんが近くのお弁当屋へ行きたかったので、陽太くんに「ひとりで会計待ちをしてほしい」と伝えると、「携帯があるのでＯＫ」と素直に聞いてくれたそうです。

お母さんは、「これまでなら『あなたのことで病院へ来ているのに、帰りたいってどういうこと⁉』と激怒していたと思います。しかし、私も息子も「勝負なし法」を使うことにより、気持ちよく病院を受診することができました。晩ご飯のお弁当を買って帰るときは息子の協力もあり、スムーズに時間配分することができました。とても心地よく帰宅できました。『意見を出しあうことでお互い納得できるんだ。こういう方法を知ることができてよかった』と思いました」と感想を述べています。

子どもはアイディアをもっている

「勝負なし法」は「ややこしい」、あるいは「面倒くささそうだ」と思われる方もいるでしょう。しかし、そんなことはありません。じつは、ふだんの生活で誰でも無意識のうちにやっていることです。

「能動的な聞き方」や「わたしメッセージ」と比べれば「改まった話しあい」の性格が強まりますから、「あの件について話しあいたい」といった前置きが必要なこともあります。場合によっては「相談したいことがあるんだけど、いつがいい?」などと言ってアポイントをとらなければならないこともあるでしょう。

しかし、慣れればいちいち身構える必要はありません。かならずしも6つの段階を踏まなくてもかまいませんし、アイディアの一覧表をつくる必要もなくなります。食事をしながらでも、キッチンの立ち話ででもできます。

大切なのは、親子の「対立」が生じたときに、親の側が一方的に解決策を決めたり、指示したり、命令したりするのではなく、子どもと一緒に考えること。そして子どもの意見も尊重することです。

親が「あなたの意見も聞きたい」という姿勢を示せば、子どもは案外、喜んで話にのってくるものです。子どもの年齢に関係なく、たとえ小学校入学前の年齢の子どもであっても、親には想像もつかないような、すばらしいアイディアを出してくれることもあります。

親業の講座に参加していた、ある若いお母さんが報告してくれたエピソードを紹介しましょう。３歳の娘、沙織ちゃんと小さな遊び仲間たちの話です。

その日は沙織ちゃんのところに、４歳と５歳の友だちが遊びに来ていました。ひとしきり遊び終えたあと、誰かが「喉《のど》が渇《かわ》いた」と言いだし、小さな容器の飲むヨーグルトがいいとなりました。ところが冷蔵庫を開けてみたら、ヨーグルトは２本しか残っていません。

お母さんは３人の子どもを前に、困ってしまいました。

「あら、どうしましょう。もっとあると思っていたのに、２本しかないわ」

お母さんがまず考えたのは、娘の沙織ちゃんには我慢させて、牛乳かジュースを飲んでもらおうということでした。

「あなたはいつも飲んでいるのだから、今日はお客さまにあげたら？」

ほとんどそう言いかかったのですが、お母さんがそんなふうに決めてしまったら沙織ちゃんが抵抗を示すかもしれません。だから、子どもたちの意見を聞いてみることにしました。

「ねえ、みんな。どうしたらいいと思う？」

子どもたちは口々にいろいろなアイディアを出しました。

「いちばん大きい子がジュースで我慢すればいい！」

「そんなのズルいよ。僕だってヨーグルトがいい！」

「ジャンケンで決める！」

「みんなジュースで我慢する！」

3人でワイワイ騒いでいるうちに、こんな意見が飛びだしました。

「全部、一緒にして3つのコップに分けて入れればいいよ」

その瞬間、ほかの二人も目を輝かせて「そうだ、そうだ！」と叫びました。お母さんも
「ああ、なるほど」と思いました。

「お母さんはそれでいいよ。みんなもいいのね？」

お母さんは3つのコップを出し、細心の注意を払って2本分のヨーグルトを3等分しました。その間、子どもたちが目を皿のようにして「どのコップのヨーグルトがいちばん多いか」を見極めようとしていたことは言うまでもありません。

ガラスコップに注《つ》がれたヨーグルトの量はどれもほんの少しでした。しかし、文句を言う子はひとりもいませんでした。みんな大満足だったのです。

親への信頼の一歩

お母さんはそのときの感想をこう書いています。

「子どもの柔軟な発想にびっくりしました」

「勝負なし法」を実践した方々の多くが同じような感想を寄せてくれています。年齢に関係なく、子どもは驚くようなアイディアを考えつく。大人には及びもつかない発想力がある――。いつでも親のほうが子どもよりよい解決策を知っていると考えるのは間違いなのです。

子どもにとっても、自分が考えたアイディアを親が喜んだり、感心したりしてくれるのは大きな喜びでしょう。

どんな親子の間でも日々さまざまな問題が起こります。「親が問題を持つ」ときは「わたしメッセージ」、「子どもが問題を持つ」ときは「能動的な聞き方」からコミュニケーションを始めるのが基本ですが、そこから自然と「勝負なし法」に発展し、解決できることも多いものです。

どんな場合が「わたしメッセージ」や「能動的な聞き方」だけで終わるのか、どんな場合に「勝負なし法」へもっていくのが適切なのか。それは状況や親の感じ方によって違います。

こんな例もあります。

明子さん（19歳）の通学用の自転車が駐輪場で盗難にあってしまいました。

明子さん もう、ほんとうにサイアク！　駐輪場に置いてあったのに盗まれるとかありえない！

お母さん ええ!?　盗まれちゃったの？　何やってるのよ、もう。

明子さん 私のせいじゃないもん！　学校に行くのに不便でしょうがないよ。自転車がないとさ。

お母さん でも、そんなすぐに新しいのは買えないよ！　出てくるかもしれないし。毎日お母さん送るのは無理だし。

明子さん そんなぁ。……もうほんとついてない！　イヤになる！

明子さんは不満がおさまらない様子でした。そのときは「自転車が盗まれた！」という出来事にイヤな気持ちになって、つい先回りしてあれこれと言ってしまったお母さんでしたが、あとで思いなおし、「能動的な聞き方」で聞いてみました。

お母さん　自転車のことだけど、盗まれてショックだったんだね。

明子さん　うん。だって、ちゃんとカギもかけてあったし、指定の駐輪場に停めておいたのに盗まれるなんて……。

お母さん　そうか、施錠してあったのに盗まれてしまって、何で⁉　って気持ちなのね。

明子さん　そうだよ。気をつけてたんだよ。なのにとられちゃって。

お母さん　そうか、明子は十分気をつけていたのに、盗まれたことに腹が立っているのね。

明子さん　うん。私が悪いわけじゃないんだもん。そこはわかってほしいよ。

お母さん　そうか、明子は自分に落ち度がないことをわかってほしかったのね。

明子さん　そうだよ！　気をつけてたのに、叱《しか》られているみたいで……。

お母さん　叱られたようでイヤだったんだね。

明子さん　うん。もちろん、自転車が見つかればそれが一番いいんだけどさ……。

お母さん　そうだね。

明子さん　見つかったら、私だけで2台も自転車いらないしね。……あきらめないでもう少し探してみようかな。

お母さん　そうねぇ。警察にもう一度問い合わせしてみようか。

自転車が戻ってくるのかどうか予測がつかず、買うかどうかも判断がむずかしい状況でした。見つかるかどうかはわかりませんでしたが、とにかく、明子さんは今回、お母さんに「自分の落ち度ではない」ことを理解してもらえただけで落ち着いたようです。「能動的な聞き方」により、明子さんは、自分の思いがお母さんに伝わったことを確認できました。「お母さんは自分の事情もわかろうとしてくれる、信頼できる人だ」という安心感が生まれたことでしょう。親への信頼の一歩が築かれました。そして、とりあえずは一件落着と言えます。

しかし、明子さんがあくまでも「新しい自転車がほしい」と言い張った場合はどう対応すればいいのでしょう。

お母さんはすぐ買う気にはなれません。「わがまま言わないで。もしも見つかったら困るじゃない」などと言いたくなるところです。その気持ちを「わたしメッセージ」で表現するとどうなるでしょう。

「明子は新しい自転車がほしいのか。通学が不便で困ってるのね」

と言って、明子さんの気持ちを確認します。あるいは、こんなふうに言ってお母さんの気持ちを伝えてもいいでしょう。

「まだ自転車が見つかる可能性もあるし、そうしたら前の自転車が無駄になっちゃってもったいないから、気が進まないなあ」

「お母さん、いまは経済的にちょっと苦しいから、すぐ買う気にはなれないなあ」

それでも明子さんが納得できなければ、いよいよ「勝負なし法」に移行していきます。

「それじゃあ、どうすればいいか二人で考えてみようか」

こうして二人の交渉が始まるわけです。

「自転車は探し続ける」

「弟の自転車が空《あ》いているときはそれを借りられるか聞いてみる」

「お母さんの時間の都合に合わせるから、できるときだけ送り迎えしてほしい」

「毎日は無理でも、雨の日だけはお母さんが車で送ろうか」

「帰りが遅くなる日は、遠まわりでもバスを使うとか」

「自転車を探す期限を決めてもいいね。2週間探して見つからないときは買うとか」

「買ってもらったとしても、またなくなる可能性もあるから、買うなら安いのでいいよ、お母さん」

「ダメ！」と言われれば、「新しい自転車がほしい！」「車で送って！」の一点張りとなりかねない相手でも、対等な立場で話しあってみれば、案外、ものわかりがいいことに驚かされるはずです。

自転車はその後、10日ほどで無事に戻ってきたそうです。

問題解決への6段階の話しあい

「シニアに入って本格的に野球をやりたい」と言ってお母さんを困らせていた拓くんの話に戻りましょう。この問題を6段階の話しあいで解決する場合、おそらく次のような段階を踏むことになったでしょう。

■第1段階……問題（互いの欲求）を明確にする

拓くん　「シニアのチームに入りたい」

お母さん　「仕事をしているうえに、土日の弁当づくり、グラウンドへの送迎、月2回の当番をするのはたいへん」

■第2段階……解決策を出す

①お母さんが弁当をつくる。
②拓くんが前の日につくる。
③拓くんが自分で起きて昼食はコンビニで買うから、お母さんは寝ていてもいい。
④基本はコンビニ弁当だが、ときどきお母さんがつくる。
⑤お母さんが前の日につくっておく。
⑥お母さんが送り迎えする。
⑦拓くんが自分で電車とバスに乗って集合場所へ行く。
⑧送り迎えはお父さんがする。

⑨送りはお父さん、迎えはお母さんがする。
⑩月2回の当番はお母さんがする。
⑪当番はお父さんがする。
⑫当番はしない。
⑬月2回の当番はお父さんとお母さんが半分ずつする。
⑭送り迎えを一緒にできる近所の人がいるかどうか、シニアに入ってから考える。
⑮シニアに入らず、中学の部活で野球をする。

■第3段階……解決策を評価する

■第4段階……双方が納得いく解決策を決定する

第3段階の評価に基づいて、拓くんもお母さんもいいと思うものを解決策に決めます。二人がいいと思っても、たとえば⑧、⑨、⑪、⑬番のようにお父さんに関わるものについてはお父さんの承諾が必要ですから、決定は先延《さきの》ばしになります。場合によっては、お父さんも含めて三人で「勝負なし法」による話しあいに入ることもできるでしょう。

話しあいの結果、どのような解決策を選ぶとしても、一人ひとりが納得することが大切です。さらに、決定に至るまでの話しあいにおいて、家族の一人ひとりがどんなことを考えているのかを互いに知ることができるのも、家族としてのまとまりを生む大切なプロセスと言えます。

次に、決定した解決策に基づいて第5段階で実行のための細かい打ちあわせ。そして実行してみた結果、実際にそれでよいかどうかの見直しをする第6段階が続きます。拓くんの家庭でも、このようなプロセスをたどって話しあいを進めた可能性があります。ところが現実には、拓くんの野球に関することは予想外の結末を迎えました。

知らないうちに子どもが自分で結論を出していた

親がホンネを隠したまま拓くんのシニア入りに反対したら将来に大きな禍根《かこん》を残すことになるかもしれないと知ったお母さんは、その日から拓くんの前でシニアの話題を口にすることができなくなりました。拓くんは小さい頃から癇《かん》が強く、頑固な子でした。「へたなことを言ったらたいへんだ」とは思うものの、親業を習いはじめたばかりの時期だったため、現実にどうすればいいのかがわからなかったのです。

加えて、拓くんの家には、もうひとつ重大な関心事がありました。3つ年上のお姉さんが高校受験を間近に控《ひか》えていたのです。拓くんもそうした雰囲気を感じていたのでしょう。自分からシニアの話題をもちだすこともありませんでした。もしかしたら、お母さんが乗り気でないことまで察知していたのかもしれません。

しかし、何かの拍子《ひょうし》に、拓くんがお母さんの前でぽろっと口にすることはありました。

「だけどさあ、土曜も日曜も祝日もっていうのはたいへんかもしれないね」

お母さんは「そうだねえ」とか「たいへんでしょうね」と相槌《あいづち》を打つだけで、自分の意見を述べることは控えていました。

間もなく受験本番に突入し、お姉さんがいくつかの高校を受験。合格通知が届きはじめました。そんなとき、拓くんが突然、言ったのです。

「僕、甲子園はあきらめて、野球は東京六大学でやろうかな」

お母さんはびっくりしました。なにしろ、それまでは「僕はシニアで活躍して、野球の強い高校へ行って甲子園に出るんだから、お姉ちゃんのように受験勉強をする必要はない」と言っていた拓くんなのです。その拓くんの口から「東京六大学」などという言葉が飛びだすとは思ってもいませんでした。

「東京六大学？　甲子園大会で活躍した選手がW大学で活躍してるから？」

「それもあるけど、僕、お姉ちゃんと同じくらいの高校に行きたい。だから、勉強もしなくちゃいけないでしょう」

野球のことで頭がいっぱいのように見えた小学校6年生の息子が、そんな先のことまで考えていたという事実を、お母さんははじめて知りました。

やがてお姉さんの進学先も決まり、お母さんがいよいよ拓くんのシニアのことに決着をつけなければいけないと考えていたある日のこと。拓くんが夕方、遊びから帰宅するなり、宣言したのです。

「お母さん、僕、中学の野球部に入ることにした！」

「どうしたの？　シニアに入らなくていいの？」

「さっき中学の前で等くんに会ったんだ。それで『野球部に入れ』って言われたんだ。しようがないから、僕、野球部に入ることにするよ」

等くんというのは小学校の野球チームの先輩です。その先輩に「野球部は楽しいぞ。オマエも入れ」と言われたから決めたと言うのです。

「そうか、また等くんと一緒に野球をできるなら楽しいね」

「うん」

拓くんは入学と同時に野球部に入り、放課後は連日のように練習に精を出しています。さっそく試合にも出場し、活躍しました。よい指導者に恵まれ、小学生時代の甘えも抜け、毎日が楽しくてしょうがない様子です。一時期、あれほどあこがれていた「シニア」や「野球の強い高校」が話題になることもありません。お母さんには思いもしなかったハッピーエンドでした。

お母さんは「等くんに誘われたというのは最後のひと押し。ほんとうは、それまでに拓なりの結論を出していたのだと思う」と言いますが、きっとそうなのでしょう。

親の目には「ほんの子ども」に思える小学校6年生でも、実際にはいろいろなものを見て、いろいろな話を聞き、いろいろなことを感じ、考えているのです。そして、自分なりの結論を出すことができるのです。

拓くんのお母さんは、拓くんが「どうしてもシニアに行きたい」と言い張ることを想定して、最後は「勝負なし法」で解決することを考えていました。拓くんの提案しだいでは、シニアに行かせてあげてもいいと思っていました。しかし現実には、お母さんがただ「待つ」ことで、双方ともに満足できる結果となりました。「頑固で甘ったれで癇が強い」と思いこんでいた拓くんの思いがけない成長に気づかされるという、うれしいオマケつきでした。

「価値観の対立」を解消できるか

しかし、拓くんのシニアのことには、もうひとつ違うシナリオが考えられます。拓くんがあくまでも「シニアに入って活躍し、野球の強い高校に入って甲子園に出場し、プロ野球選手になる」という人生設計を思い描く一方、親が「しっかり勉強して偏差値の高い高校に入り、名門大学を卒業して、有名企業入社をめざしてほしい」と望んでいるとしたらどうなるでしょう。

親にとっての問題は「土日の休みがなくなること」でもなく「当番をしなければならないこと」でもありません。野球をすること自体に反対なのですから、あきらかに「価値観の対立」です。親が具体的な影響を被《こうむ》るということよりも、拓くんが野球を続けること自体がとにかく「イヤ」なのです。

価値観の対立は「生き方の対立」でもあります。「勝負なし法」での解決はむずかしいでしょう。

親は「子どもには元気に外遊びをしてほしい」と望み、子どもは「家のなかで静かに本を読むのが好き」という場合と同じです。親は「ああいう子と遊んでほしくない」と考え、子どもは「あの子と一緒にいると刺激があって楽しい」と感じている場合も同じです。

親に「あの子と遊んではいけない」と命令されれば、子どもは従うかもしれません。しかし、ほんとうに納得して従うわけではありません。親に隠れてつきあうようになる可能性もあります。それでは面従腹背《めんじゅうふくはい》の人間をつくるだけですし、大きなリスクもともないます。価値観の対立があるときには、一方的な命令や禁止によって解消するのは危険なのです。

それでは、現実にそうした状況に直面したとき、親には何ができるのでしょうか。親業では3つの方法を提案しています。

①模範《もはん》を示す。

②コンサルタントになる。

③自分の考えを見直す。

「模範を示す」とは、文字どおり親自身が子どもの見習うべき手本となることです。子どもが毎日、家にこもって本ばかり読んでいるのがイヤだと思うなら、まずは自分が外に出て何かやってみるのです。とりあえずは散歩や庭いじりでもいいかもしれません。

子どもに向かって「もっと外に出て身体を動かしなさい」と言いながら、親自身が家でテレビばかり観ているようでは子どもも反発します。しかし、親が積極的に外に出て楽しんだり、身体を鍛《きた》えたりする姿を見せれば、親の言葉がより説得力をもちます。

「コンサルタントになる」は、事実や経験やデータに基づいて自分の考えを論理的に固め、しっかり心の準備をしたうえで子どもに助言することです。たとえば「子どもが外で遊ばないと身体が弱くなり、病気にかかる確率が高くなる」という科学的なデータを示したり、「お父さんも子どもの頃は外遊びが嫌いだったけれど、高校生になってから何かスポーツをやっておけばよかったと思って後悔した」という体験を披露《ひろう》したりしながら、少しでも外に出て運動してみることが大切だと思うんだ、と、子どもに語っていくのです。

問題が深刻なときは、自分の知識や考え方をしっかりまとめ、それこそ一生に一度しか言えないくらい真剣な言葉で語りかける必要があります。

ただし、コンサルタントはあくまでもコンサルタント。助言はできても、決定することはできません。親の話をどう受け止め、どう判断するかは子どもしだいです。

「模範を示す」も「コンサルタントになる」も、親の思うままに子どもを動かす方法ではありません。子どもが考えや行動を改めない場合には、親の側が「自分の考えを見直す」ことも考えなければなりません。

それまでの自分の考え方を客観的に見直してみれば、「子どもは外で遊ぶべきだと考えていたけれど、それは自分の思いこみかもしれない」「この子の場合は家のなかで本を読むことが、いまのこの子らしさなのかもしれない」「スマホばかりいじっている子どもが多いというこの時代に、自ら本を読むことはとてもよいことではないか」など、それまでとは違う考えが浮かんでくるかもしれません。自分の生き方とは違う子どもの生き方を認めるということでもあります。

親にできる最後のこと

自分の考えを冷静に見直してみたけれど、やはり間違ってはいない。「あのグループとつきあうのはどう考えても危険だ」と思えるときもあるでしょう。しかし子どもがそのグループとの交際をやめないとしたら、親が子どものためにできることはもうないのでしょうか。

最後にひとつだけ残されています。

④「祈り」とともに子どもを見守る。

親業で言う「祈る」は神仏に祈り、すべてを委ねることではありません。もちろん「もうどうしようもない」と匙《さじ》を投げることでもありません。

子どもの行動に関心をもちつづけ、「変わってくれればいい」「いつか気づいてくれるかもしれない」と祈りながら、子どもを見守ることです。話しあうチャンスがあったらふたたび話しあい、新しいデータを見つけたら示してみる。子どもが反論したら能動的に聞き、もう一度、親の考えを「わたしメッセージ」で伝える。それでも子どもが考えや態度を改めなければ、また「祈り」とともに子どもを見守る……。

「親でありたい」と思うなら、あきらめずに努力を続け、子どもに関わりつづけるという自らの決意が、「祈り」という行為に込められています。見逃さず、見捨てないのです。具体的な状況に変化はなくても、「あなたのこういう行動が心配なのよ」「君を助けたいんだ」という思いをもちつづけ、機会があればそれを行動で示しつつ、祈りの思いをもちつづけるのです。子どもは少なくとも「自分の話を聞いてくれる」「一方的に反対したり、命令したりする親ではない」と感じるはずです。

そうすれば、将来、その子がほんとうに深刻な問題に直面して悩んだり、苦しんだりして相談できる相手がほしいと思ったとき、親が手助けできる余地が生まれます。「お母さんなら話を聞いてくれる」「お父さんならどうすればいいか助言してくれる」と子ども自身が思ったとき、親が相談相手として選ばれるのですから。

子どもは日々、成長していきます。小さい頃は親が何でも教え、導き、助けてあげなければならないこともあります。しかし、少しずつ自分で解決できるようになります。親の手元を離れ、親の助けを必要としなくなっていくのが育つということです。

それでも一人前になるまでは、あるいは一人前になってからでも、親を求めることがあるかもしれない。だとしたら、子どもがほんとうに親を必要とするとき、求めに応じて助けることのできる、力になれる存在でいたいものです。その日のためにいまは祈り、見守り、待つこと。それが、親に求められる行動のひとつでもあります。

第５章

実例集

親と子の会話から

ここまでの章で、親業の方法を使ってどのように子どもとの関係を築くのかをお伝えしてきました。第5章では、親業の講座でトレーニングをした方が、「能動的な聞き方」「わたしメッセージ」「勝負なし法」を、実生活のなかでどのように使ったのかという事例をご紹介します。

◆能動的な聞き方

子どもが困ったり悩んだりしている場合には、親は「能動的な聞き方」で子どもの気持ちに寄り添いながら対応します。子どもの話している事柄や子どもの気持ちに共感して言葉で確認する聞き方です。「能動的な聞き方」のポイントは、相手の言葉を「くり返す」「言い換える」、「気持ちを汲《く》む」です。

子どもは、親に自分の気持ちを話し、すっきりしたり自分を見つめたりして、自ら解決策を考えることができるようになります。

国語のテストってむずかしい

埼玉県　山﨑欣子さん

【相手】息子（14歳・中3）
【状況】期末テスト期間中の会話。学校から帰宅した息子は、ちょっとがっかりしている様子である。「テスト、どうだった?」と聞くと――。

息子　国語のテストってむずかしいよね。
私　むずかしいと思うんだ。
息子　だってさぁ、どれだって〝答え〟だって思えるじゃん。
私　どれを選ぶか迷うんだね。
息子　問題つくってる人がすごいよね。
私　出題する人に感心しちゃうんだね。
息子　お母さん、そう思わない?
――笑いながら、ホッとした表情になった――

私　そうだね、すごいね。
息子　だよね。

【感想】いつもの私ならテストができなかったことを責めてしまいますし、「問題つくっている人に感心なんかしていないで、勉強しなさい！」などと言って、揉《も》め事に発展していたと思います。でも、今回は能動的な聞き方によって、思いがけず息子がふだん考えていることが聞けました。反抗期真っ只中《ただなか》の息子ですが、私が意見を言わないことで、お互いに気持ちがよく、あたたかい雰囲気の会話ができました。ガミガミ言わないのって、清々《すがすが》しくていいな、と思いました。

不満だらけのクラス替え

東京都　Y.E.さん

【相手】娘（10歳・小5）

【状況】娘は今年度のクラス替えが不満で、担任の先生も好きなタイプの先生ではないのでイヤがっていた。「このクラスでは移動教室に行きたくない」とも言っていた。この日は、帰宅してカバンを下ろし、手を洗ってすぐにイライラした表情で話しはじめた。

娘 ほんとうにあの先生イヤ！　イライラするとすぐに顔に出るし。

私 A先生は感情がすぐに顔に出るのがイヤなんだ。

娘 ホントわけわからない。何でも黒板に書くし。書く意味ないことも何でも。

私 へぇ。書く必要のないことも何でも黒板に書くんだ。そういうのは時間の無駄だと思ってイライラするの？

娘 あんなの無駄だよ！　それに、誰かが健康カード忘れたときとか、いつも変なたとえ話するし。本物の運転免許証じゃなくて紙に書いた免許は使えないとか……わけわからん！

私 そっか。何でもかんでもたとえ話して、意味もよくわからないから腹立つんだ。

娘 そうだよ。でもこの間、国語の「名前つけよう」の授業のとき、「犬に『いぬ』っていう名前はつけないでしょ？」とか言っておもしろかった。

——その後も、学校での出来事を話し続けた——

【感想】新学期のはじめから、新しいクラスの先生や友だちに不満だらけの娘でした。親業を学ぶ前は、娘がクラスメートや先生への不満を話すと、私は娘に解決を求められていると思っていました。学校でのことを私に言われても、娘の友人や先生は私が変えられるものではないので、「そんなこと言われても困る」と感じたり、「そんなこと気にしなくてもいい」と言ったりしていました。そして、そのような「コミュニケーションを阻む障害」となる私の対応に娘は反発していました。

今回、能動的に聞くことによって娘の不満が解消されたわけではありませんが、話しているうちに先生のおもしろい側面も発見できて、最後は笑いながら話していました。移動教室についてもイヤなことに変わりはありませんが、「みんなは夜どんなパジャマ着るんだろう？」などと言ったり、少し気持ちが切り替わったようです。

疲れた。学校休みたい

愛知県　K.Y.さん

【相手】娘（11歳・小5）
【状況】娘は新学期が始まり、学級委員や委員会などをがんばっていた。しかし、だんだんと疲れがたまってきて、この日の朝「学校を休みたい」と言っていた。私は忙しかったので、ゆっくり娘の話を聞けないまま、娘は学校へ行った。夜、私が起きていると娘がリビングに来た。表情が硬く何かを訴える目をしている。

私　朝、話聞けなくてごめんね。どうしたの？　寝れない？
娘　……寝れない。
私　何か話したいことあるなら聞くよ。
娘　疲れた。学校休みたい。
私　そっか、疲れたんだね。
娘　男子の学級委員のAがちっとも働いてくれない。いつも私ばっかり声かけたりしてさ。

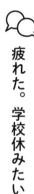

もうイヤだ。（泣く）

私　Aくんが一緒に仕事してくれなくてイヤなんだね。

娘　うん、もうイヤ!!　通学団のBも朝、遅れてくるし、1年生いるのに見本にならない！

私　Bくん、遅れてくるんだ。見本にならないと思うんだね。

娘　学校の授業もイヤ!!　音楽は、（感染症対策で）歌が口パクだから楽しくない！　リコーダーもできないし！

私　リコーダーも歌もできなくてイヤなんだね。

娘　――学校のイヤなことをいろいろと話す。（学校を休んだら家でゆっくりしたい。部活・クラブ活動ができない。夜、寝たいのに寝れない。先生に相談できない……）――ショウ（弟）とミキ（妹）もイヤ！　いつも私の邪魔ばっかりしてきて、友だちと遊びたいのに勝手に入ってくるしさ！

私　ショウとミキが遊びに入るのがイヤなんだね。

娘　イヤ！　嫌い！　……でも「嫌い」って言ってる自分もイヤ。やさしくしたいのにできない自分がイヤ。

私　ほんとうはやさしくしたいんだね。

娘　うん。でも、できない。

私　そっかぁ……。

娘　今はプラスチックを減らそうと言ってるのに、欲しいものはプラスチックばっかり使われてて、それを買っちゃう自分もイヤ！　地球にやさしくない！

私　プラスチックを減らせない自分がイヤなんだね。

娘　わー！（大泣き）　もうイヤだー!!（泣き続ける）

私　――抱きしめる――

――娘がウトウトしているので、翌日も学校があるため寝るように促す――

【感想】途中、何度も意見を言いたくなりましたが、ぐっと我慢しました。ひたすら聞くことに徹して、気づけば1時間も経っていました。本人がこんなにイヤなことに囲まれていたことに驚きました。今までだと何がイヤなのか問い詰めて、結局、心の内を知ることができませんでした。今回、〝能動的に聞く〟ことで、どんな思いでいるかを知ることができたように思います。

次の日娘は学校を休みましたが、夜に話したことにより、娘の休みたい気持ちを受け入れる余裕がありました。

理科が、とんでもない点数

愛知県　山田　藍さん

【相手】娘（15歳・中3）
【状況】娘は電車で通学している。娘の学校帰りに、私が駅まで車で迎えに行った日の出来事。私が家を出る前に、娘がＳＮＳで理科の定期テストの結果が悪かったことを私に知らせてきていた。その後の車中での会話。

娘　理科がクソ。とんでもない点数だった……。
私　点数が悪くて悲しいんだ。
娘　平均点にもいかなかった。教科書は、ちゃんとやったつもりだったの。

私　勉強がんばったのに、点がとれなくて悔しいんだね。
娘　これ以上、どう勉強したらいいか、わかんない。
私　自分でできることをやったのに、思うように解けなくて悩んでるんだね。
――いつも一緒に勉強をがんばっている娘の友人は、平均プラス10点をとったことを、娘が私に教えてくれる。友人と二人でこの結果になった原因を考えた様子――
娘　理科をしっかり教えてもらいたい。塾に行きたいんだけど。パパ、なんて言うかな。
私　塾に行って理科をもっとできるようにしたいんだ。パパが反対するかと心配なんだね。
娘　うん。……今日パパ在宅勤務だよね。いつ言おうかな……。
――車を降りる。いつ言い出そうかとソワソワしている様子――
――夕ご飯前、娘が夫に伝えると、夫は「どんな形式で学びたいのか、行きたいと思う塾はあるのか、自分なりにまとめておいで」と言っていました。後日、また塾についての家族会議になりそうです――

【感想】娘が、理科の勉強がうまくいかなくて、ずっと悩んでいるのは知っていました。わが家の考えで「できるところまで自分でやり、もしほかに助けが必要なら相談してほしい」と、中学受験が終わったときに娘に伝えてありました。娘なりに考え、今日「塾に行きたい」とはっきり思ったようです。

【後日談】私は娘が小5の頃から「親業」を使いはじめ、とにかく娘の話を止めないように、能動的な聞き方をしてきました。なので、娘は高1になりましたが、何でも話してくれます。

また、夫も以前は自分の考えを言うタイプでした。けれども「自分の意見を言わずに聞いたほうが、もっと話をしてくれるかも」と私が夫に伝えてきたので、今では娘の話をとてもよく〝聞く〟ようになりました。また、以前はスマホをしながら娘の話を聞いていましたが、今では、娘が話しはじめるとスマホを即座に脇に置いて、ちゃんと向き合って聞きはじめます。なので、娘は夫にも何でも話せるようですし、安心できる家庭になっていると思います。

大人って、いつも決めつける

神奈川県　M.A.さん

【相手】娘（11歳・小5）

【状況】リビングで娘がテレビを観ていたら、仕事から帰ってきた夫から「またテレビばかり観て！」と怒られた。娘は、「とおる（弟）も一緒に観てるじゃん」と言い、バタンと扉を閉めてリビングを出ていった。気になったので、声をかけに娘の部屋に行った。

私　パパに言われてイヤな気持ちになったね。

娘　とおるも見てるのに私にだけ言うのムカつく。

私　とおるも見てたのに、自分だけに言われたからムカついたんだね。

娘　私は塾の勉強も宿題も終わったんだよ。とおるは、その間、遊んでた。

私　うん、うん。

娘　私はちゃんとやることやったのに、とおるのほうがズルい。

私　「とおるは、ズルい」って思ったんだね。

娘　「とおるが」っていうより、パパがいけない。
私　パパがイヤだったんだ。
娘　大人って、いつも決めつけるんだもん。ちゃんとやることやって、テレビを観たっていいでしょ！　「何もやってない」ってパパは思ってて、「テレビばっかり観てた」って勝手に決めつけた。

【感想】娘が怒った本当の理由がわかって、「はっ」と気づかされました。娘が夫に対して〝イヤだった〟と感じたポイントがわかり、「大人って、いつも決めつける」と言われて、〝大人の中には私も入っているんだろう〟と思いました。改めて別の機会をつくり、「ママも決めつけて話しちゃうことがあるね」と娘と二人で話をすることができました。

数学のクラスが落ちちゃった

神奈川県　小林ゆかさん

【相手】娘（16歳・高1）

【状況】リビングの食卓での会話。娘が少しイライラしている様子。

娘 数学のクラス、この前のテストできなくて、下のクラスに落ちちゃった。

私 クラスが変わるのがイヤなんだね。

娘 できがよくなかったから、そうかなーとは思っていたけどね。

私 テストが思うような結果じゃなくて悔しいのね。

娘 基礎クラスは遊んでる子がいたりするの。発展クラスは、みんなやる気があるから、いいんだよ。

私 発展クラスのほうが、はかどるんだね。

娘 うん。次はがんばって、また上がるよ。

【感想】今までは、私が娘の話を止めて、「勉強をしっかりしなかったから」などと自分の意見を言っていました。「できなかったから、クラス変わって当然」とも言っていたと思います。

能動的に聞いたことで、このようなことを言わずにすみ、娘が〝本当は発展クラスにいたかった。だから今回は悔しく感じている〟のだと知ることができました。また、私から誘導したのではなく、本人が「次はがんばる」と言ったことは、とても頼もしいです。もし、私が自分の気持ちをぶつけていたら、おそらく「次はがんばろう」という彼女の気持ちが発せられることなく、お互いモヤモヤした気持ちのまま会話が終わっていたと思います。

部長に推薦されて

千葉県　A．K．さん

【相手】娘（14歳・中2）

【状況】娘の剣道部の3年生の引退試合を見に行ったときのこと。試合後に突然、次の部長を決める話しあいがあり、先輩たちは娘を部長に推薦してくれた。その帰り道の娘との会話。

娘　えーっ。どうしよう。このままだと私が部長になっちゃうよね？　イヤなんだけど。

私　沙織は部長に推薦されて、なるのがイヤなんだね。

娘　うん。えー、無理だよ。えー、どうしよう。また、寝れないんだけど。せっかく今日は寝れると思ったのに。えーっ。部長って何やるんだろう。

私　沙織は部長やるのが不安なんだね。部長って何やるかも知らないんだね。

娘　うん。そうだよ。それ自体がまず不安なのかも。大勢の人の前で話すとか、絶対に無理なんだけど。人に教えたり、まとめたりはまだいいんだけど、全校の前で話すとかが無理なのかも。

私　そっか。まず部長の仕事が何やるのかわからないのが不安で、もし、やったとしたら人前で話すことがあるのがイヤなんだね。

娘　うん、そうだよ。そうだよね。今の部長にどんな仕事やるか聞いてみよう。それで、どれくらい全校の前で話すことがあるのか聞いてみようかな。考えてみれば、年に何回かしかないかもしれない。しかも、1年生を迎える会とか5人ぐらいで出てたから、皆に言えば、一緒に出てくれたり、話してくれたりするかもしれない。

【感想】今までなら、私の意見として「せっかくのチャンスだから、やってみたら?」などと言っていたかもしれませんが、能動的な聞き方を意識してみると、娘が何に不安を感じているかなど、次々に本心が出てくるのですごいなと思いました。また、娘が自分自身でどうしたらよいかを考えていったので、驚きました。

仲間に入れてもらえない

東京都 I.M.さん

【相手】娘(10歳・小4)

【状況】あわただしい日常生活のなか、私と娘はお風呂タイムを使って、ゆっくり話をしている。いつものように、お風呂に入りながらの会話。

娘 この1週間、学校の休み時間、ずっとひとりぼっちで過ごしてるんだ。

私 そうなんだ。休み時間、ひとりでいるのね。

娘 ○○ちゃんと△△ちゃん（いつも娘が一緒にいる友だち）が仲間に入れてくんない。

私 仲間に入れてもらえなくて悲しいんだね。

娘 うん、二人でコソコソ話してたり、突然感じ悪くなって原因もわからない。

私 そうかー。それでひとりで過ごしてるんだ。

娘 女子はグループ決まってるし、男子とばっかりいても、つまらない。

【感想】その場では〝結論〟が出ませんでした。次の日、娘が「学校を休みたい」と言ったとき、思わず「行きなさい」と言いたくなる気持ちが起こり、私の中に葛藤がありました。ですが、能動的な聞き方を思い出し、娘の気持ちを想像して、そのまま受け入れました。結局、娘は学校を休みましたが、その次の日からは気持ちが落ち着いた様子で登校し、自分から声をかけて仲間に入れてもらったとのこと。娘が自分で解決して、よかった！と思いました。

マジで留年かも

千葉県　Y．J．さん

【相手】息子（17歳・高3）
【状況】私が夕食のしたくをしていると、テスト期間中の息子がリビングにやって来た。

息子　（がっかりした表情で）あー、理数科目「お亡くなり」になったわ。
私　テストの点数、悪かったんだね。
息子　いやー、化学は腹痛くなったからしかたないけど、物理、数Ⅲはダメだー。
私　物理と数Ⅲがダメで、どうしようと思ってるんだね。
息子　うん。マジで留年かも。やばい。
私　留年になるかもと焦ってるんだね。
息子　まぁ、でも提出物出しているし、物理は何とかなるかもな。数Ⅲが……。

私　物理は大丈夫かもしれないけど、数Ⅲはどうにもならないと思ってるんだね。

息子　そう。でも、なんか推薦組（推薦入試で大学進学する友だち）には負けたくないしなぁ。

私　推薦組の子たちよりも上の大学に行きたいんだね。

息子　うん。とりあえず英語と数学、がんばるわ。

――気持ちを切り替えた表情になった――

私　ふーん。

【感想】今までは、息子が自分で解決できる内容でも私が先走って解決してしまい、そのため早々と会話が終わってしまっていました。今回、能動的に聞いたことで、これまでは、どうしても途中で〝いつのまにか話し手が私〟になっていたのが、〝最後まで長男が話し手〟になりました。また、息子の深いところにある考えや、感情を聞くことができました。

もともと、私と息子は比較的いい関係だと思っていたのですが、それはもしかしたら、私が「こうじゃなきゃダメ！」と息子に押しつけていたために、息子は自分のよいところしか私に見せられず、息子がホンネを言えなかったからかもしれません。また、私に心配をかけまいと悩み事を言ってこなかったのかもしれないとも思います。でも、私が親業の講座を受講し、「息子が元気なら、それでいい」と感じられると、息子が私にホンネを語るようになりました。日常のさりげない会話が増えて、うれしいです。

スポーツジムに行きたいの

東京都　K.E.さん

【相手】娘（13歳・中2）
【状況】娘は中学校をしばらく欠席している。そのため、平日は週に数回、1回2～3時間、区が開いている教室に通っている。そんなある日、娘が自分の部屋から出てきて話しはじめた。リビングでの会話。

娘　学校（区が開いている教室）から帰って、すぐの時間にジムに行きたい。

私　その時間は、中学校はまだ授業の時間だよ。中学校が放課後の時間に行くならいいけど。

娘　じゃ、ダメだね……。

――うっかり、普通の受け答えをしてしまった。娘のがっかりした様子に「やっちゃった」と感じ、娘の気持ちを確認したいと思い、数時間後に改めて話を聞いた――

私　ジムに行って運動したくなったの？

娘　そう。学校（区の教室）から帰ってきて家にいるより、運動したほうがいいかな。痩《や》せるし。

私　時間の使い方を考えてるんだね。それに痩せたいと思ってるんだね。

娘　うん。体育の授業の代わりにもなるしね。

私　（中学校を欠席しているため）体育の授業出てないから、そこで補おうと思ってるんだね。

娘　運動してなかったし、家にいるより健康的だし、一石二鳥でしょ。

私　家にいるよりいいと思うんだね。

娘　（明るい表情で）どういう場所があるかわからないから調べてみてくれる？

私　どんなジムがあるのか知りたいのね。お母さんなりに調べてみるね。中学生が通えるかわからないしね。

娘　うん。お願い！

【感想】会話の最初、「学校（区の教室）から帰って、すぐの時間にジムに行きたい」という娘の言葉に対して、自分の判断基準でパッと意見を言ってしまって「しまった」と思いました。おそらく、「今、中学校に行っていないこと自体が悪いというわけではなく、中学の授業がある時間帯は娘なりに勉強し、時間のけじめをつけるのが大切」という私の考えや、「中学校がまだ授業をしている時間帯に自由に過ごしてしまうと、今後も学校に戻りたくなくなるのではないか」という心配があるからでしょう。でも、「ここは再度、娘の話を聞こう」と能動的な聞き方を意識したら、娘の考えていることがわかり、「ちゃんと考えているんだな」と納得できました。

吹奏楽部《すいそうがく》を辞めるかも

徳島県　I.M.さん

【相手】娘（16歳・高1）

【状況】娘は、中学校で入っていた吹奏楽部に高校でも入部した。楽しそうに続けてきたが、突然「辞めるかも……」と言い出した。

娘　吹奏楽部、辞めるかもわからん。おもしろくないし。

私　吹奏楽部の活動、おもしろくないって思っとるんやなぁ。

娘　うん。中学校のときと違って、先生があんまり部に来んし。先輩たちもやさしいけど、ゆるいし。こんなんで、コンクールで金賞とれるんかなぁって思う。

私　〝今のままでコンクールに出るのが不安だ〟って思ってるように聞こえたんやけど……。

娘　うん。すごく不安。それに、私フルートでなくて打楽器のパートをしないといけないかもしれんし。

私　打楽器を担当するのが不安なんだ……。

娘　うん。だって、今までフルートしか吹いたことないのに……。どうしよう。

私　どうしようか……と困っとるんや。

――娘は、しばらく考えて――

娘　打楽器のパートが人数足りんけん、誰かが打楽器に行かないかんのはわかるけん、コンクールまでは打楽器でがんばる。でも、コンクールが終わったら、フルートに戻してもらえるように話しする。

私　コンクールが終わったら「フルートに戻して」って言ってみるんやなぁ。

娘　うん。コンクールが終わったら次の大きな大会は、アンサンブルコンテストやし、フルート三重奏か、フルート四重奏で出ると思うからフルートに戻れると思うわ。

【感想】中学1年生のときから吹奏楽部で厳しい練習にも耐え、全国大会にも行ったことのある娘が、急に「部活を辞めるかも……」と言い出しました。つい「どうして?」と聞きそうになるのをグッとこらえて、能動的な聞き方をしました。聞いていくうちに、実は〝今までしたことのない打楽器を担当するのが不安だ〟という気持ちがわかりました。「どうしよう」と言いながらも自分で気持ちを整理していき、最後はスッキリした表情に。途中で私が質問をしたり意見を言ったりしていたら、娘が部活のどんなことで悩んでいるのかが、なかなかわからず、話がアチコチに逸《そ》れていってしまったような気がします。相手が悩みを持つときには、能動的な聞き方が効果的だということを再認識する機会になりました。

本当にサイアク!!

神奈川県　松本尚子さん

【相手】娘（12歳・中1）

【状況】娘は、学校から帰るなり「今日は、本当にサイアク！　Aちゃん（クラスメイト）とケンカになっちゃった」と不機嫌な様子。妹、弟への「ただいま」のあいさつもなく、カバンを投げ置く。

私　Aちゃんとケンカしたの？

娘　私の言葉がスイッチだったんじゃん？　急にキレて「超キライになった!!」って。

私　「超キライ」って言われちゃったんだ。

娘　Aちゃんみたいな激しいキャラ、私だってキライだよ。でも私は、クラスメイトとの緩衝材《かんしょうざい》になって、いつもおとなしくAちゃんの話も聞いてあげてるのに!!

私　いつもやさしくしてるのに、急にキツイこと言われて頭にきたんだね。

娘　おまけに泣き出してさー。私、まるで悪者だし。

私　悪者に見られて悲しいね。

娘　ほんと、ムカツクわ。明日学校行くのヤダなー。

私　ムカツクから顔合わせたくないのね。

娘　ムカツクけど、キライじゃないんだよね。別に。

私　あなたは、別にキライになったわけじゃないんだね。

娘　メッセージにも、「私は別にキライではないけど」って書いたし。

私　メッセージはしてるんだ。

【感想】今までならこんなとき、私は「あなたが何かしたんでしょ」「そんなの気にしなければいいじゃない」と高圧的に意見を言うことが多く、ケンカになっていました。娘は「この世で、私のことをわかってくれる人なんていない」と言うこともありました。

今回、私が能動的な聞き方をすることで、娘の頭の中が整理されて鎮《しず》まっていくのがわかりました。私に向けられた怒りではなかったので、こちらも落ち着いて会話することができました。親業の効果を実感し、自信が持てました。

英語は嫌いだ!!

神奈川県　伊藤圭子さん

【相手】息子（17歳・高2）

【状況】息子はダイニングテーブルで、日課にしている予備校の英単語をパソコンで勉強中。私も同じテーブルで親業の勉強中。

息子　あー、もう最悪だよ。
私　へー、最悪な気持ちなんだ。
息子　そうなんだよ。今日の単語、10問中3問しか合ってなかったよ。
私　3問しかわからなかったから、へこんでるんだ。
息子　うん。今日初めてやる単語ばかりなんだけどさ、ほんとうに英語って嫌いなんだよね。
私　T君は、英語がむずかしいと思っているんだね。
息子　いや、中学の頃からちゃんと勉強していればよかったんだよ。
私　そっか。中学の頃、勉強しとけばよかったって後悔しているんだ。
息子　うん。でも、2年間で取り戻すから大丈夫（覚悟が決まったというようなスッキリした表情）。
私　そう。やる気が出たんだね。がんばってね。
息子　うん。

【感想】いつもなら、私が「このままだと目標校には行けないよ‼」、息子が「なら、志望校変える‼」、私が「勝手にしなさい！」とケンカ腰になり、そのくり返しでした。

自分なりに能動的な聞き方をしたら、不思議と息子から勉強をきちんとすると言ってきました。今回、いかに今までヤイヤイ言って子どものやる気を削いでしまっていたかに気づきました。また、息子の中には彼なりの原因分析や今後の計画などの考えがあり、それを認めるだけでいいんだということにも気づきました。

息子が背中を押してほしい時期に、私が能動的な聞き方を学ぶことができ、背中を押してあげることができて心からよかったなぁと思います。

あの怖い体育の先生が……

愛知県　H.E.さん

【相手】娘（12歳・中1）

【状況】足を骨折した娘。厳しい体育の先生にきついことを言われ、体育の授業に出たくないと、へこんでいたときの会話。

娘　今日、あの怖い体育の先生に、すごくイヤなことを言われたんだよ。
私　そうなんだ。先生にイヤなことを言われたんだ。
娘　そう。松葉杖をついていたら「昨日まで普通に歩いていたんだから歩けるんじゃないの？」「邪魔にならないように！」とか言ってくるんだよ。ムカつく。
私　ケガしているのに、そんな言い方されて頭に来たんだね。
娘　うん。みんなの前で言われてさ。泣けてきちゃった。もう、体育の授業に出たくない！
私　また何か言われるかもしれないから、体育の先生に会いたくないんだね。
娘　明後日、また体育ある。どうしよう。本当にイヤなんだけど……。
私　どうしようか困っているのね。
――しばらく考えて――
娘　そうだ。明日、担任の先生と教育相談の面談があるから相談してみようかな。

私　そうなんだ。ちょうど面談があるんだ。

娘　うん。ちょっと、がんばって話してみよう！

【感想】いつもなら、こんなときは一緒に怒って、時には「お母さん、なんでそんなふうに言われるのか、聞いてみようか?」と口を出したりしていましたが、娘に任せようとグッと我慢して待ってみたら、自分で道を見つけて動いてみようと決めたようでした。今までは、私がいろいろと意見や自分の考えを話すことが多く、待つということに慣れていないので、けっこうたいへんでした。でも、自分の考えで答えを出すことができる娘を見ることができて、とてもうれしく頼もしい気持ちになりました。

◆わたしメッセージ

「わたしメッセージ」は、わたしを主語にして自分の気持ちを伝えるものです。親が子どもの行動を見たり聞いたりして何かを言いたくなったら、「わたしメッセージ」で率直に気持ちを伝えます。

次の3つの要素が入っているものを「3部構成のわたしメッセージ」といいます。

①行動……「目に見える、耳に聞こえる」子どもの具体的な行動

②影響……子どもの行動が親に与える具体的な影響

③感情……影響を受けた親が抱く率直な感情

「わたしメッセージ」は、「能動的な聞き方」とセットで使います。「わたしメッセージ」を伝えることで子どもからの反発や抵抗が起きた場合には、「能動的な聞き方」に切りかえて子どもの言い分も聞くようにします。

部屋の髪の毛

埼玉県　I．K．さん

【相手】娘（16歳・高2）

【状況】娘の部屋に用事があって入ると、髪の毛がたくさん床に落ちていた。

私　ねぇねぇ、こうやってたくさん髪の毛が落ちてるじゃない？

娘　あ～、う～ん。

私　これさ、香澄ちゃんがリビングに来るとき、連れてきちゃうのよ。そうするとママがお掃除しなきゃならなくて。それが面倒でイヤなんだよ。

娘　なんで、こんなに髪の毛落ちるんだろう？（まるで初めて気づいたかのように）

――掃除機を取りに行き、そのまま床を掃除した――

【感想】とても気になっていた娘の部屋の髪の毛問題も、〝わたしメッセージ〟でケンカにもならず、あっという間に解決してビックリしました。娘も私を困らせるつもりはまったくなくて、私が困っていることを素直に伝えたらすぐに協力してくれました。あまり感情を乗せすぎずに伝えられたのも、よかった気がします。

おやすいご用だっ！

東京都　中山英子さん

【相手】息子（11歳・小5）
【状況】息子とは、夕食までゲームをやってもよいという約束になっている。夕食の準備ができたので息子に声をかけたが、ゲームをやっていて食卓に来なかった。

私　ご飯食べるよ！
息子　うん……
——このやりとりを数回くり返す——
私　夕食できたよ。約束した時間になっても、ゲームをしていると困っちゃうんだよね。

夕食の準備をみんなと別々にしなくちゃいけないと、手間がかかっちゃうんだよ。

息子　わかった。もうちょっとだから。

私　もう少しで終わりそう？

息子　うん。もう終わるから。

私　わかった。待ってるよ。

息子　（ゲームを終わらせるのは）おやすいご用だっ！

——その直後、食卓につく——

私　ちゃんと来られたね。すごいじゃん！

【感想】今までは、何回呼んでもゲームをやめないと、「何回も呼んでるでしょ！」と私が怒って、息子が「わかってるって！」と言いながら聞き流し、夕食がすっかり冷めてしまい、みんなが食べ終わる頃になってやっと息子が食卓に着くことも多くありました。

「ご飯食べるよ」の声かけのみの場合は、息子のなかに「勝手に食べてればいいじゃん」という気持ちがわいてくるのかもしれませんが、なぜ私が「夕食を食べるよ」と声をかけているのか、親の気持ちをきちんと伝えることで、息子も〝なぜ今やらなくてはいけないか〟と考えて行動を起こす動機づけがされたように思いました。最近は、私がすぐに怒らずに落ち着いて自分の気持ちを伝えるようになったので、息子もこちらの話を落ち着いて受け入れられるようになっていたことも、今回、すんなりとやりとりができた要因かもしれません。

ドリルを忘れてきた

神奈川県　加藤和歌子さん

【相手】息子（9歳・小4）
【状況】朝、息子が「昨日、塾にドリルを忘れてきた」と言ったことで始まったやりとり。

私　あなたが塾に忘れ物をすると、お母さんが塾に電話して、忘れ物が届いているか毎回確認するのがたいへんで困るんだよ。

息子　でもさー。「漢字テストするから急いでしまって！」って先生は言うから、カバンにしまうことはできないよ。

私　先生に「急いでしまって！」って言われるから、カバンじゃなくて机の下に入れる時間しかないんだね。

息子　そうなんだよ。だから、机の下に入れるしかないんだよ。

私　でもね、あなたが机の下に置いてくるとお母さんがさー（途中まで伝えたところで）

息子　お母さんが塾に電話するのたいへんだから、明日、野球に行く前に塾に取りに行ってくる。

私　そう。じゃ、明日、野球に行く前に、塾に取りに行っておいで。

【感想】いつもなら、「なんでいつも忘れ物してくるの!!」とあなたメッセージで言い、私が塾に電話していました。今回、「私が困る」ことを3部構成のわたしメッセージで伝え、息子の反発に能動的な聞き方で耳を傾けることも意識したことで、息子が自分で解決する案を出してくれました。今まで、私が塾に電話して謝っていた行動が、じつはおせっかいで子どもの自立心を邪魔していたのかも……と反省しました。

お母さんの電チャリ使いたい

東京都　長井陽子さん

【相手】息子（18歳・高3）
【状況】先日、高校の卒業式が終わった息子。夜、野球部の仲間の家に集まるため駅までの道のりに、私が通勤で使う電動アシスト自転車を使いたいと言う。

私　夜は使わないからいいけど……。んー、何時に帰ってくるの？
息子　朝。
私　朝かあ……。この前、貸したとき泊まることになって、朝仕事で家を出るのに間に合わないいんじゃないかと冷や冷やしたんだよ。

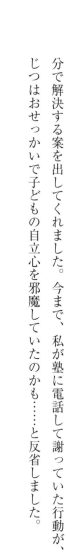

息子　大ー丈ー夫ー、朝6時に帰ってくるから。

私　大丈夫だと思うのね。でも、夜には自転車がないとイヤだなあ。何があるかわからないじゃない。途中でパンクとかさ。もしも翌朝仕事に出掛けるときに使えなかったら困るんだよ。

息子　（笑いながら）いいじゃん、大丈夫だよ。心配しすぎなんだよ。

私　帰ってくるつもりなんだね。お母さんは、夜には自転車がないとイヤなんだよ。安心して眠りたいのよね。もしも何かあってあなたの帰りが遅くなったりして、朝、急に予定変更でバタバタするかもしれないって考えると、気持ちがゆっくりできないんだよ。

息子　わかった、わかった。（自分の自転車で行く）

【感想】家が駅から遠いので、もし自転車が使えないとなれば、余裕を見て自宅を出発する必要があり、朝の時間配分が変わってきます。この日以降息子は、私の自転車を借りたいときには「明日は仕事？」と聞くようになりました。

何度もわたしメッセージを出すのも結構疲れますが、何度か出しているうちに、私は〝朝の心配をせずにゆっくりと眠りにつきたいのだ〟ということがわかり、すっきりもしました。

お風呂に入る時間

神奈川県　T.M.さん

【相手】息子（11歳・小6）
【状況】わが家は共働きのため、夜に洗濯をしている。家族全員がお風呂に入り終わり、子どもが学校で使った給食のナプキンなどを交換してから、洗濯機を回している。またマンション暮らしなので時間帯にも気をつかう。ある日の夜、息子にわたしメッセージで伝えた。

私　寝る前にお風呂に入ると、洗濯機を回す時間が遅くなっちゃうから、お母さんの寝る時間が遅くなっちゃって、つらいんだよね。

息子　うーん。寝る前に最後に温まってから寝たかったんだけどなぁ。

私　そっかー。寝る前に温まりたかったんだね。でも、洗濯機を回すのが遅くなるとお母さんもたいへんだし、近所迷惑になるかもしれなくて心配なんだ。

息子　なんで近所迷惑なの？

私　洗濯機の振動が響くと、寝ようとしている人が気になるんじゃないかと思って。遅くても、9時半くらいまでには洗濯を終わらせちゃいたいの。

息子　ふーん。じゃあ10分くらい休んだら、お風呂に入るよ。

私　ありがとう。給食のナプキンもよろしくね。

息子　わかった。

【感想】早くお風呂に入ってほしい、学校のしたくをしてナプキンの交換をしてほしい……という思いがありました。ふたつのことを一度に伝えるのではなく、お風呂に早く入ってほしいことを理解してもらったあとに、ナプキンの交換もするように伝えたら、いつもより話がスムーズにできました。また、「早くお風呂に入りなさい」のような命令口調や「まだしたくしてないの？」といった責めるような口調を使わず、私にとって影響のあることのみ話したこともスムーズに伝わった一因と思います。

◆勝負なし法

親子の対立が起きたとき、どちらか一方が勝つのではない、別の方法があります。親も子どもも負けない「勝負なし法」です。

「わたしメッセージ」を伝えても、子どもに強い欲求があって行動を変えないときがあります。その場合は、「欲求の対立」が起きていると考えて、話しあいによって解決策を探っていきます。

人と人が一緒にいれば対立は起きるものであり、対立自体はかならずしも悪いことではありません。対立をどのように解決するのかが大切なことです。「わたしメッセージ」と「能動的な聞き方」を使いながら、親と子、両者の欲求を満たすことができるような解決策を見つけていきます。

リビングの床にジャンパーが置いてある　千葉県　S.M.さん

【相手】息子（10歳・小4）

【状況】わが家は玄関に服を掛ける場所があるが、息子は外出から帰ってくると、いつもジャンパーをリビングで脱ぎ、床に置くので困っている。ふだんの息子は、〝わたしメッセージ〟で私の事情や気持ちを伝えると、自分から行動を変えてくれることが多いが、今回はなぜか行動が変わらないので、勝負なし法で話しあってみようと思った。

■第1段階……欲求を明確にする

［私の欲求］

・リビングの床のジャンパーを私が玄関に掛けに行かなければいけなくて、手間がかかって困る。

・ジャンパーの片づけについて、毎回〝わたしメッセージ〟を伝えるのは大変。
・〝わたしメッセージ〟で声をかけても、息子がイヤがってやらないと残念な気持ちになる。

［子の欲求］
・帰宅後すぐに、リビングでくつろぎたい。
・リビングでジャンパーを脱いだ後に、玄関に掛けに行くのは寒いのでイヤ。

■第2段階……解決策を出す

①息子がリビングで脱いだジャンパーを、私が玄関に掛ける。
②息子がリビングで脱いだジャンパーを、息子が玄関に掛ける。
③キッチンにジャンパーを掛ける場所を作る。
④リビングのソファー近くにジャンパーを掛ける場所を作る。
⑤リビングの物入れの扉に掛ける。
⑥息子がリビングでジャンパーを脱いだら、私が「玄関に掛けて」と声をかける。
⑦夕飯前に、息子がジャンパーを玄関に掛けに行く。

■第3段階……解決策を評価する

	私	子	
①	×	○	玄関に掛けに行くのは手間がかかる。
②	○	×	寒い玄関に戻りたくない。
③	×	○	見た目がスッキリしない。
④	×	○	見た目がスッキリしない。
⑤	○	○	
⑥	×	○	声をかけないでも自分でやってほしい。
⑦	×	○	夕飯まで待てない。

■第4段階……双方が納得いく解決策を決定する

⑤「リビングの物入れの扉に掛ける」を実行することに決定。

■第5段階……解決策を実行に移す

リビングの物入れの扉の取っ手にハンガーを掛け、そこにジャンパーを掛けられるようにした。

■第6段階……結果を評価する

〝うまくいっている。実行できている。「リビングがスッキリしてうれしい」と息子に伝えた。

【感想】〝ジャンパーを掛ける〟という生活のなかの小さなことは、今までは私が我慢してやってしまっていました。こんな小さなことは、私以外のお母さんの多くも当然のこととしてやっているだろうと思うと、私だけが、「困る」と言うことが恥ずかしいような気もしていました。でも、「困る」と表現できて、とてもスッキリしました。けれど、わたしメッセージを伝えても息子の行動は変わらなかったのです。今までの私なら、ここであきらめていたと思いますが、小さなことでも〝私だけが負けるような気持ち〟になるのはイヤだったので、〝どちらも負けない〟勝負なし法で話しあってみました。

話しあってみて、小さなことだから……と自分の気持ちをひっこめないで、ホンネを言うと伝わるということがわかりました。「お母さんは、〝床に物があるとイヤ〟〝散らかるのがイヤ〟と感じる人なんだ」と、息子が素直に理解してくれていると、その後の生活のなかで感じます。

ゲーム時間の制限

広島県　芹澤芳美さん

【相手】息子（12歳・中1）、夫（40代）

【状況】息子は、約束の時間を過ぎてゲームができなくなるとイライラして、言葉が悪くなったり、話しかけると怒ったような返事をするなど、私や弟たちに当たるので困っていた。夫は、ゲームを長時間することで、息子の生活や精神面に悪影響があるのではないかと心配していた。そこで、息子と夫と私の3人で、勝負なし法で話しあうことにした。

■第1段階……欲求を明確にする

［私の欲求］
・ゲームをするのは問題ないが、約束の時間を過ぎてゲームができなくなると、イライラして私や弟たちに当たるので困る。
・食事や入浴などが遅くなり、家族の生活のリズムが崩れて困る。
・声が大きく言葉づかいも悪くなるので、側にいて気持ちが落ち着かない。
［夫の欲求］
・ゲームのことで息子を管理したくない。
・長時間のゲームは息子の生活、健康や精神を害するのではと心配。
・家族みんなで決めたルールを破られると残念だ。
［子の欲求］

・もっとたくさんゲームがしたい。
・ゲーム機に設定された2時間の制限で親に管理されるのがイヤだ。

■第2段階……解決策を出す

①ゲーム時間（わが家のルール）を守る。
②時間制限ロックをはずす。
③ゲームの時間制限自体をなくす。
④専用タイマーを買って時間を計り、親の許可があれば延長できる。
⑤使用時間を父母が毎日チェックする。
⑥ログインパスワードを父母に教える。
⑦ゲーム時間を増やす。

■第3段階……解決策を評価する

	私	夫	子	
①	○	○	×	どうすれば守れるかわからない。

②	×	△	○	時間が守れていない。
③	△	△	○	勉強や運動、手伝いなどを終えたあとであれば絶対にダメではない。
④	○	○	×	いちいち親に言って延長してもらうのがイヤ。
⑤	○	○	○	ＯＫだが面倒。
⑥	○	○	○	教えるのはＯＫ。でも専用ＩＤは欲しい。
⑦	○	○	○	③とともに考える。

■第４段階……双方が納得いく解決策を決定する

③「ゲームの時間制限自体をなくす（やり放題にする）」に決定。ただし、平日は「宿題＋勉強1時間＋プログラミングをしてから」、休日は「勉強1時間＋運動（散歩など）1時間＋プログラミング1時間をしてから」ゲームをする。また、ゲームをするのは朝8時～夜8時までの間とする。お手伝いもする。家族で出かける時間も持つ。休憩もとる（1時間ごと）。

■第5段階……解決策を実行に移す

明日から2週間、試しに実行してみる。日曜日に結果を確かめる。

■第6段階……結果を評価する

息子は〝やることをやれば自由〟というのがうれしかったようで、2週間決めたことを実行した。なので、この方式を今後も継続することになった。親も管理しなくてよいので楽になった。

【感想】解決策を出し、一つひとつ評価していくなかで、私と夫が当初考えていた「ゲーム時間を守る」とは反対の「時間制限なし」という解決策に決定し、自分でも驚きました。でも、元々の心配である「長時間のゲームは息子の生活、健康や精神を害するのでは」というところは解決策で払拭されるように思います。本人も、勉強をしなくてはと思っているものの、なかなかできないという状態から、「1時間がんばればゲームがいっぱいできる!!」ということで、「勉強もできてゲームもできてメッチャいいじゃん！」と言っていました。

まだお試し期間中ですが、勉強も運動もできてよいと思いますし、私自身「ゲーム時間過ぎてるんじゃないの⁉」とイライラしなくていいので楽です。私・夫・長男の3人で勝負なし法を行ったのですが、思いのほかいろいろな考えが出てきたのでおもしろかったです。

プリントの置き場所

宮城県　沼田英里子さん

【相手】息子（11歳・小5）

【状況】日頃、息子は学校のプリントを私に渡さないことが多いので私は困っていた。ドライブ中に何気なく、このことについてどうすればいいか話しあおうと私から切り出した。

■第1段階……欲求を明確にする

［私の欲求］

・私がプリントを確認できないと行事などがわからず困る。

・急ぎの用件（物の購入、お弁当の申し込み、書類の締め切り）だと困る。

［子の欲求］

・出すのが面倒くさい。

・ただ忘れてしまう。

■第2段階……解決策を出す

①漢字のノートに、その日に渡されたプリントをはさむ。（毎日お帰りの会で、漢字の宿題が出されてノートに記入する。そのときに家庭への連絡プリントも配られる）

②家で宿題をするテーブルに、プリントを入れるクリアファイルを置く。

■第3段階……解決策を評価する

私　子

①　○　○　毎日出される漢字の宿題のノートにはさんでおけば、必ずノートを家で開くので忘れずにお母さんに渡せそう。

②　○　○　宿題をするテーブルにクリアファイルがあるとプリントを入れようという気持ちになる。

■第4段階……双方が納得いく解決策を決定する

息子が出した①案と私が出した②案、両方を採用。二人の案を組み合わせると、とてもよいと決定する。

■第5段階……解決策を実行に移す

私がクリアファイルを用意する。

■第6段階……結果を評価する

実行に移した日はプリントがなかったが、息子から「今日プリントなかったから入れてないよ」と伝えてくれた。息子にとって一番やりやすいやり方にしたこと、息子が自ら出した案ということもあり、実行にあたって責任感を持てていたように見えた。

【感想】お互いにイライラしていないタイミングで、話しあいを切り出したので、二人ともイヤな気持ちにもならず、楽しく意見を出しあえました。特に、息子が自ら「どのようにしたら、自分はプリントを出すようになるか」を考える姿や、責任を持って自分が言ったことをやろうとしている姿がうれしく、改めて自分で考えたことや発言したことだと意識の持ち方が違うと感じました。

以降は、話しあったとおり、プリントを漢字のノートにはさんで持ち帰り、クリアファイルに入れることが習慣化しています。

あとがき

誰もが、ともにいる人と仲よく暮らしたい、と思っているはずです。しかし、あんなトラブルがあったり、こんなトラブルがあったりと、がっかりしてしまう瞬間が多々あります。自分の胸を開いて、頭を開いて、相手に「さあ、私の気持ちや思いを見てよ！」と言いたくなることもたくさんあります。隠し事をするつもりもなく、よい関係を築きたいと思う人どうしが集まっているのに、すれ違い、うまくいかないのはなぜなのでしょう。

大切に思う相手だからこそ、「言葉にしなくてもわかるはずだ」という思いがあるからでしょうか。とくに親子関係では、ずっと一緒にいることで、「あなたのことは、私が（あなた自身よりも）よくわかっている」とか、「子どもはこう考えているはず」「子どもはこんな気持ちに違いない」と、わかったつもりになっていることも多くありそうです。

子どもが喜んでいることを親も喜び、子どもが悔しがって泣いているときには親も一緒になって悔しくなるということも、往々にして起きがちです。親子がいわば渾然一体《こんぜんいったい》となっていて、考えや感情が混ざりあってしまう。それぞれが感じていること、考えていることが言語化されていないということがひとつの原因として考えられそうです。

しかし、言語化すればすれ違いがなくなるか、というとそうでもないようです。言い過ぎて相手を傷つけたり、自分がほんとうに言いたいこととは違うことを言ってしまったりということもあります。言葉とは厄介なものです。

私たちは、言葉を使って思考を整理すること、言葉を使って考えることがあたりまえになっています。ちょっとした言葉の使い方が、思考を制限したり援助したり、他者とのコミュニケーションを促進したり妨げたりします。自分の感情さえも、言葉にしたことでほんとうに感じていることからずれてしまい、気づかないまま言動に影響を及ぼすことだってあります。思考が先か、言葉が先か。感情が先か、言葉が先か。

ともあれ、思考も感情も一人ひとりその人のものであり、大切なその人自身だとすると、私たちがお互いを幸せにしていくための入り口として、「言葉」が手がかりになるのは間違いなさそうです。

「親業《おやぎょう》」は、言葉に着目をしてコミュニケーションの深淵《しんえん》に向かっていこうとする方法です。親業の方法を使って言葉で表現されることは、ごく単純に見えます。「能動的な聞き方」「わたしメッセージ」など、この本を読めば、シンプルな言葉の技法に納得することができるでしょう。これはトマス・ゴードン博士の著作を読んでも同じことで、提示されたシンプルな技法は頭で理解できるはずです。

さて、ここで最初に書いた問いに戻ってきます。頭で理解できるのに、なぜ私たちは心地よい人間関係や親子関係、さらには世界平和をつくり、保ち続けることができないのでしょうか。

頭で理解したことは単純化されているもの、いわば何にでも使える公式のようなものです。むずかしいのは、実際にその公式を、いつ、どこでどう使うかということです。それはほんとうに千差万別で、あのときうまくいったから同じようにやればいい、と思っていると、自分の望まない結果が生まれてがっかりすることもあります。コミュニケーションに関しては、いわゆるマニュアル的な公式と答えが用意されているわけではないのです。

ゴードン博士の生み出したこの方法は、この方法を使う「私」が、相手との関係の中で意識して選択していくことで意味を持ちます。その「私」の選択を支えているのは、お互いが自立した人間であるということへの信頼感です。

私がいて、あなたがいます。私は常に変化していて、あなたも常に変化しています。お互いの変化を楽しみながら、相手と自分を同じように大切にしようと思ったときに、親業の単純な方法が輝きだします。

ゴードン博士が著書『親業―子どもの考える力をのばす親子関係のつくり方』の最終章のなかで、「子どもよ――」と題して書いている言葉に、次のようなものがあります。

「私はあなたの欲求を尊重する。しかしまた私自身の欲求をも尊重せねばならない。したがって、私たちに当然起こる対立の解決をさがすときには、私たちの両方に受け入れられるものをさがすように努力しよう。そうすれば、あなたの欲求は満足されるし、また私の欲求も満足される――だれも負けず、両方とも勝つのだ。その結果、あなたは自分の欲求を満足させることを通して、一人の個人として発達しつづけられるし、私もそうできる。そして、私たちの関係はつねに健全なものでありうる。なぜなら両方に満足のいくものなのだから。私たち一人ひとりは、おのおの自分なりの能力を備えた人間になることができるし、相互信頼と愛情をもって、お互いの関係をもちつづけることができる」

親子という別々の人間が、ともに歩き、未来に進んでいくこと。親と子という関係だからこそ、お互いが自立して歩いていくことの大切さと、そのむずかしさを示しているように思えます。親業の方法は、過去の安寧をつくるためのものではなく、あなたと子どもの未来をつくり、切りひらいていくための方法なのです。

親業訓練協会会長　高木《たかぎ》幹夫《みきお》

本書は、２００９年２月に講談社より刊行された
『10歳からの親業　親と子の問題を解決する「聞き方」「話し方」』を
加筆修正、再編集したものです。
第５章は書き下ろしです。

親業訓練講座のご案内

本書の内容を身につけるために、ロールプレイなどを通じて体験学習をする実践的な講座です。

●**講座時間**　全24時間(基本は週1回3時間×8回)
●**受講場所**　講座は全国各地で行われています。
●**講座の内容**

1. 親も人の子、神さまではない――親にも自分の気持ちがある
2. 「親になんて話せない」か――心の扉を開くことば
3. 子どもの心を知るために――「能動的な聞き方」
4. 子どもが受け入れる親の話し方
　――「わたしメッセージ」で感情表現を
5. 子どもはいい環境にいますか――改善の余地はありませんか
6. さけられない親子の対立――親子のどちらが勝つべきか
7. 対立を解くために「勝負なし法」――新しい親子関係の創造
8. 親業をクビにならないために――親は子どものコンサルタント

*講座では、コミュニケーションの技術を身につけるとともに、子育てに直面している親どうしがともに学びあい、語りあう場でもあります。「安心して子どもとのあれこれを話せることがうれしかった」「悩んでいるのは自分だけじゃないとわかってほっとした」などの感想が寄せられています。お互いの話に共感したり、自分とほかの人との違いに気づいたり、交流の中で学びあいが進んでいきます。

近藤千恵（こんどうちえ）

1968年、国際基督教大学卒業。同時通訳者として活動するかたわら、アメリカの臨床心理学者トマス・ゴードン博士が開発した「親業(PET)」インストラクターの資格を取得。1980年に親業訓練協会を設立し、親業の普及につとめる。翻訳書に『親業――子どもの考える力をのばす親子関係のつくり方』『ゴードン博士の人間関係をよくする本 自分を活かす相手を活かす』、監修書に『「親業」ケースブック』シリーズ（いずれも大和書房）などがある。

親業訓練協会（おやぎょうくんれんきょうかい）

親と子をはじめ、あらゆる人間関係における効果的な方法を学ぶ講座、講演会、研究会などの開催を行う。親子関係に焦点を当てた親業訓練講座のほかに、教師学講座、看護ふれあい学講座、自己実現のための人間関係講座、ユース・コミュニケーション講座がある。親業訓練インストラクター（指導員）の養成・認定も行う。

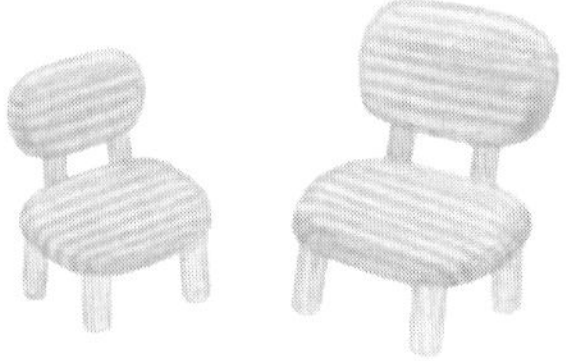

装丁・本文デザイン◎藤田知子
装画・本文イラスト◎深町マチコ
編集◎八木麻里（大和書房）

「親業《おやぎょう》」のはじめかた

思春期《ししゅんき》の子《こ》と心《こころ》が通《つう》じあう対話《たいわ》の技術《ぎじゅつ》

2024年 5月1日　第1刷発行

著　者◎近藤千恵《こんどうちえ》、親業訓練協会《おやぎょうくんれんきょうかい》（武石泉《たけいしいずみ》、草柳明彦《くさやなぎあきひこ》）
発行者◎佐藤 靖
発行所◎大和《だいわ》書房
東京都文京区関口1-33-4
電話　03-3203-4511
本文印刷◎新藤慶昌堂
カバー印刷◎歩プロセス
製本◎小泉製本

ISBN978-4-479-01232-0

http://www.daiwashobo.co.jp